G PARKER
1160 BOUL ORLEANS
OTTAWA ONTARIO
K1C 2W1

D1786772

ILS NOUS PARLENT...
ENTENDONS-NOUS ?

*Accompagner les âmes
vers l'autre rive*

Données de catalogage avant publication (Canada)

Ouellet, Sylvie, 1964-

   Ils nous parlent... entendons-nous? : accompagner les âmes vers l'autre rive.

   Comprend des réf. bibliogr.

   ISBN 2-89436-127-0

   1. Vie future. 2. Âme – Miscellanées. 3. Vie spirituelle. 4. Mort – Aspect religieux. I. Titre.

BF1311.F8O93 2004   133.9'01'3   C2004-941607-3

Nous reconnaissons l'aide financière du Gouvernement du Canada par l'entremise du programme d'aide au développement de l'édition (PADIÉ) pour nos activités d'édition.

Nous remercions la Société de Développement des Entreprises Culturelles du Québec (SODEC) pour son appui à notre programme de publication.

Infographie :
   Caron & Gosselin

Mise en pages :
   Composition Monika, Québec

Révision linguistique :
   Jocelyne Vézina

Éditeur :
   Éditions Le Dauphin Blanc
   C.P. 55, Loretteville, Qc, G2B 3W6
   Tél. : (418) 845-4045 – Fax (418) 845-1933
   Courriel : *dauphin@mediom.qc.ca*

ISBN 2-89436-127-0

Dépôt légal :
   4ᵉ trimestre 2004
   Bibliothèque nationale du Québec
   Bibliothèque nationale du Canada

Copyright 2004
   Tous droits réservés pour tous les pays.

Imprimé au Canada

SYLVIE OUELLET

ILS NOUS PARLENT... ENTENDONS-NOUS ?

Accompagner les âmes vers l'autre rive

Préface d'Anne Givaudan

Le Dauphin Blanc

*À mes parents,
qui ont si bien su préparer le sol de mes possibilités.*

*À Paul,
Alexandra,
et Mathieu,
qui en ont favorisé la croissance.*

Préface

Au printemps 2004, lorsque j'ai rencontré Sylvie Ouellet, j'ignorais encore le contenu de son livre. Elle me disait simplement que depuis quelques temps, elle aidait les personnes qui nous quittent à poursuivre leur chemin... Le sujet m'interpellait déjà, mais c'est essentiellement lorsque j'ai pris connaissance du contenu de son ouvrage que j'ai pu en mesurer l'importance et l'efficacité.

Lorsqu'il y a quelques années, j'ai suivi Elisabeth[1] durant son parcours vers l'au-delà, des questions lancinantes me poursuivaient :

« Et si nous n'avions pas été là, combien de temps aurait-elle mis pour rejoindre les plans de Lumière qui l'attendaient ?

Et tous ceux qui ne savent pas... jusqu'à quand vont-ils traîner, proches de la Terre, au lieu de rejoindre les mondes de ressourcement et de paix qui leur tendent les bras ? »

Mes interrogations n'ont pas été résolues et j'ai pensé que le temps viendrait où le passage entre vie et mort ne serait plus le drame qu'il est encore actuellement.

---

1. Élisabeth est une âme que j'ai accompagnée avec Daniel Meurois-Givaudan pendant une longue maladie. Cette expérience unique que nous avons vécue en sa compagnie est racontée dans le livre *Chronique d'un départ : afin de guider ceux qui nous quittent*, Plazac, Sois, 2000.

L'aide aux personnes en fin de Vie est en passe de faire partie du quotidien et prend une place enfin reconnue. C'est alors qu'apparaît un nouveau type d'aide, celui que nous propose Sylvie dans cet ouvrage :

Ils nous parlent... entendons-nous ? : accompagner les âmes vers l'autre rive.

Je voudrais maintenant vous raconter l'anecdote suivante, tout à fait significative.

À la veille d'écrire cette préface, j'étais avec des amis lorsque l'un deux me dit : « Ma mère nous a quittés il y a deux ans. Elle ne voulait pas entendre parler de mes croyances qui pour elle n'étaient que des élucubrations.

J'essayais de l'aider de mon mieux et j'étais auprès d'elle. Un après-midi, elle semblait déjà partie ou profondément endormie lorsque, tout à coup, je l'ai vue se dresser sur son lit et me dire avec une voix grave et tonique : « Comment fait-on pour y aller ? ». Sur ces mots, elle nous a définitivement quittés.

Ces simples paroles sont une preuve, s'il en fallait une, que la personne qui nous quitte est souvent perdue quant à l'après vie et quant au parcours qui l'attend.

Nous sommes dans un monde où nous ne prenons pas le temps de penser à la mort et encore moins à ce qui se passe après... dans un monde où les « pratiques de passage » ont été oubliées, abolies ou reniées.

Il était donc urgent qu'un livre accessible à tous soit mis à disposition du plus grand nombre. Ce qui est remarquable dans cet ouvrage, c'est que la façon d'aider ceux qui partent peut s'adresser à tous, quelles que soient leur religion, leurs croyances, leurs habitudes.

Sylvie à travers son expérience nous montre comment une capacité d'aide n'est pas forcément évidente dès le départ et combien il est difficile de lâcher le mental pour accepter d'écouter la « petite voix intérieure ».

À travers ce livre-guide, l'auteure évoque avec précision les besoins de l'âme pendant la transition, le pourquoi d'un départ, l'aide que nous apportent ceux qui sont partis tandis que des exercices pratiques ponctuent l'ouvrage afin d'aider ceux qui seront « accompagnateurs posthumes ».

« L'amour et la compassion, voilà tout ce qui est réellement requis pour accompagner une âme ». « Un bon accompagnateur, c'est d'abord et avant tout d'être en mesure de bien s'accompagner soi-même. » sont des paroles employées par Sylvie Ouellet à ce sujet, paroles encourageantes pour tous ceux qui se sentent l'âme d'accompagner ceux qu'ils aiment.

J'ai rencontré des âmes retenues sur Terre par leurs désirs ou leurs peurs, par leur haine ou leurs attachements ou simplement en attente d'une explication. J'ai vu combien les êtres de lumière œuvrent pour rentrer en contact avec ces âmes et combien elles sont parfois récalcitrantes à les suivre.

Je suis donc très heureuse de saluer la sortie de ce livre qui peut considérablement faciliter le passage entre deux mondes.

Anne Givaudan

Avant-propos

Explications à propos de la page couverture :

Le dimanche 12 septembre 2003, au petit matin, j'ai fait un rêve bien particulier. Entre deux scènes d'un très long songe qui se déroulait dans une voiture, je me suis retrouvée assise dans le bureau d'Alain Williamson, l'éditeur. Il était fort heureux de me montrer la nouvelle édition de mon livre. J'en fus très étonnée, car la page couverture n'était pas du tout celle que j'avais imaginée. Alain ne m'avait rien dit pour me garder la surprise. Nous avons discuté un moment du livre.

Puis mon rêve s'est poursuivi à nouveau dans la voiture. Soudainement, dans un éclair de conscience, j'ai réalisé que je venais de voir la couverture de mon livre qui n'était pas encore terminé. Je voulais me souvenir de tous les détails, alors j'en ai parlé à une dame qui était assise à côté de moi. Je lui ai dessiné, du mieux que je le pouvais, l'image que j'avais vue tout en lui expliquant le sens.

Je lui ai alors dit que ce beau paysage représentait la Vie avec un grand V. L'eau constituait la vie ; le ciel, lui, représentait ce qui vient après la vie, et les arbres symbolisaient l'évolution ou la croissance de la vie. Le ciel se reflétait dans l'eau pour signifier que l'au-delà n'est qu'un reflet de la vie qui se poursuit sans fin. Dans l'eau se miraient aussi les arbres pour dire que la vie et la mort sont toutes deux le miroitement de la croissance.

À mon réveil, j'étais vraiment comblée d'avoir reçu cette image et sa signification, mais mon mental s'est alors empressé de me dire : « C'est bien beau, mais où vas-tu la trouver cette image, maintenant ? » Je n'en avais vraiment aucune idée. Toutefois, j'ai décidé de faire confiance. Si j'avais pu voir la page couverture une fois réalisée, l'image qui s'y trouvait parviendrait à moi, j'en étais certaine. Il me fallait simplement faire confiance en gardant les yeux et les oreilles bien ouverts...

En racontant ce rêve à mon conjoint, il m'a dit : « Tu vois, pour moi, l'eau représente exactement le sens profond de la vie. Elle existe sous forme de gouttelettes, elle s'évapore, monte au ciel pour ensuite revenir en gouttes de pluie. Tout ça au rythme de la Terre et de sa croissance dans une cadence parfaite. L'eau suit exactement le même mouvement que la vie humaine, allant d'incarnation en mort, en réincarnation. »

Ce rêve m'a profondément bouleversée. C'est un véritable cadeau du ciel, pour illustrer avec tant de justesse, l'enseignement principal de ce livre.

Bonne lecture !

Sylvie

Introduction

Je ne peux rien te donner
Qui n'ait déjà son existence
À l'intérieur de toi.
Je ne peux te proposer
D'autres images que les tiennes...
Je t'aide à rendre visible
Ton propre univers.
C'est tout.

H. Hesse

La vie après la mort intrigue plusieurs d'entre nous. Si ce livre est actuellement entre vos mains, c'est qu'un questionnement sur le sujet s'est déjà amorcé. Pourquoi écrire un livre de plus sur le sujet, me direz-vous ? Cette question, je me la suis posée souvent avant de noircir ces pages. Que dire de plus que ce qui a déjà été consigné ? En fait, lorsque j'ai vécu mes premières expériences d'accompagnement d'âmes vers la Lumière ou vers ce que plusieurs appellent « le tunnel », j'avais une soif insatiable de connaissances à ce sujet. Des pourquoi et des comment affluaient sans cesse dans ma tête, mais aucun livre ne rassemblait à lui seul toutes les informations dont j'avais besoin. Les réponses étaient çà et là sur mon chemin d'apprentissage et de lecture. J'aurais alors bien aimé trouver un ouvrage qui puisse bercer mes craintes et mes appréhensions liées à ces phénomènes pour les vivre en douceur. Un livre qui puisse m'apprendre à m'abandonner à l'amour infini des âmes qui désiraient entrer en communication avec moi, qui m'enseigne le détachement, mais qui m'explique aussi le sens profond de ces expériences. J'aurais bien aimé aussi découvrir un texte qui m'encourage à vivre ces expériences en toute confiance, qui me donne des exercices pour favoriser l'intégration de ces phénomènes dans mon quotidien. Toutes ces informations existaient certes dans différents volumes ou dans différents ateliers de formation, mais je ne trouvais aucun livre qui les rassemble toutes. Et dans ma quête de réponses, j'ai continué à lire et à chercher cet écrit qui me conviendrait.

Puis, un beau jour je me suis remémorée que Francine, une amie très chère, avait semé en moi la graine de possibilité et d'utilité d'écrire un tel livre. Je m'étais adressée à elle après mes trois premières expériences d'accompagnement pour m'éclairer à propos des nombreuses questions qui m'assaillaient. Francine, étant médium, m'avait fait part avec une grande générosité de ses connaissances et de son expérience sur le sujet. C'est à ce moment qu'elle insista sur le fait que mon vécu pourrait aider beaucoup de personnes vivant des expériences similaires. Elle me suggéra fortement alors d'en faire un livre. À cette époque, l'idée me parut tout à fait saugrenue. Avec le peu d'expérience que j'avais dans le domaine et le flot de doutes qui m'envahissaient, il était totalement inconcevable pour moi d'aider qui que ce soit. Si ce charabia d'idées entremêlées qui fourmillaient dans ma tête était incompréhensible pour moi, j'en arrivais à la conclusion qu'il ne pouvait servir qu'à semer la confusion chez les autres. Mais la graine était semée...

Elle a commencé à germer au fur et à mesure que je cherchais des réponses à mes questions. Épluchant livre après livre, testant sur le terrain diverses expériences, j'ai alors accumulé plusieurs éléments de réponses qu'il m'est un jour apparu nécessaire de partager. La semence avait atteint sa maturité, il était temps de rassembler les idées et de les mettre en conserve sur papier.

Évidemment, je suis consciente que « les fruits » de ma recherche ne représentent pas en eux-mêmes la vérité absolue. Ils n'en sont qu'un mince reflet. Les propos de ce livre ne vous sont présentés qu'à simple titre de réflexion sur le sujet. Ils n'ont rien en commun avec une recette miracle et ils n'ont pas non plus la prétention d'apporter des explications inédites sur le sujet. Ils ne se rattachent ou ne découlent d'aucune religion ni d'aucun mouvement spirituel. Ils se veulent un simple outil d'apprentissage et de réflexion. Et loin de moi l'idée de vous imposer une réalité qui est mienne. Je désire seulement diffuser ce qui m'a généreusement été offert et je souhaite sincèrement que ces quelques lignes vous servent d'élément propulseur pour trouver votre propre vérité.

Les phénomènes liés au monde de l'invisible sont souvent source d'interrogation, de peur, d'incompréhension, de déni. L'intangibilité de ces expériences dans notre monde matériel ne contribue qu'à les rendre encore plus mystérieuses, voire irréelles. C'est dans le ressenti du cœur que ces manifestations trouvent leur concrétisation. Et c'est là également qu'existent toutes les réponses et le réconfort recherchés. Rien à l'extérieur de notre être ne saurait nous procurer ce sentiment profond de certitude et d'assurance qui se vit en notre cœur.

Ainsi, ce livre vous proposera le récit de certaines expériences que j'ai vécues afin de vous faire découvrir les différentes étapes d'apprentissage que la Vie m'a offertes. Ces histoires serviront non seulement à narrer mon chemin, mais également à offrir les enseignements pratiques que j'y ai découverts. Il m'importe aussi de souligner que, contrairement à d'autres auteurs dans le domaine, les communications avec l'au-delà ne constituent pas mon occupation professionnelle principale. Elles demeurent des manifestations sporadiques dans ma vie. Et c'est en reconnaissance envers les personnes respectueuses et compréhensives de mon entourage qui m'ont fait réaliser la richesse des expériences vécues que ce livre leur est dédié. Grâce à elles, je suis demeurée ouverte à d'autres contacts. Non seulement ces expériences ont enrichi ma vision de la vie, mais elles ont également servi à magnifier ma vision de la mort. Je réalise maintenant l'extraordinaire cadeau que représentent ces communications vécues dans l'amour. À mon tour, je désire partager ce cadeau pour que vous puissiez vous aussi y prendre part.

Il m'aurait été difficile de réaliser ce livre sans la collaboration de nombreuses personnes que je désire remercier du fond de mon cœur et de mon âme. Tout d'abord, les premiers remerciements vont à Paul, mon conjoint, qui m'a guidée et encouragée tout au long de ce nouveau parcours et qui a si patiemment participé, par ses lectures et ses commentaires, à cet ouvrage. À mon grand-père qui m'a fait découvrir le merveilleux trésor qui se trouvait en moi. Ma plus profonde gratitude va également à Mélanie, Lucien, Frédéric, cette jeune fille dont j'ignore le nom, grand-papa Jean, Marie-Claude et Suzanne, pour m'avoir accordé leur confiance dans l'accompagnement et leur soutien dans la rédaction du présent livre. Sincères et profond remerciements à Anne Givaudan pour sa merveilleuse contribution à rédiger la préface. À Suzanne Bernard, Marie-Lise Labonté, Micheline Lapensée, Daniel Meurois-Givaudan et Francine Ouellet qui ont si généreusement accepté de répondre à mes questions, j'offre ma franche reconnaissance. Mille merci également à la mère de Frédéric qui m'a donné tellement au cours de chacune de nos conversations téléphoniques. À Francine et Kristine, qui m'ont accompagnée et qui m'ont si bien supportée dans mes questionnements initiaux. À Marie-Josée T. qui m'a convaincu de l'importance de ce projet. À ma mère qui a participé activement à la transmission de quelques messages reçus et à la correction du texte. À mes deux merveilleux enfants, Alexandra et Mathieu, qui sont pour moi une source d'inspiration et d'apprentissage.

Enfin, j'aimerais également remercier Alain Williamson et son épouse Marie-Chantal pour la confiance qu'ils m'ont témoignée dans ce projet et pour avoir accepté de franchir l'étape finale pour donner vie à ce manuscrit.

PREMIÈRE PARTIE :

UNE LONGUE ET SUBTILE PRÉPARATION

Chapitre 1

Le point de départ

> *Nous découvrons ce qui marche en trouvant ce qui ne marche pas.*
>
> *Et ceux qui n'ont jamais commis d'erreurs n'ont jamais fait aucune découverte.*
>
> Samuel Smiles

Mon point de départ

De nature, je suis une personne introvertie, bien que mes amis me qualifient de personne sociable et expressive. Depuis ma tendre enfance, j'ai toujours pris l'habitude de garder pour moi mes émotions et mes ressentis. C'était sans doute ma façon de me protéger du monde extérieur. Sans la nécessaire évacuation de la pression interne, toutes les émotions s'entremêlaient et prenaient toute la place. Il y avait donc peu d'espace pour entendre ma petite voix intérieure. Il m'a toujours fallu un coup dur ou un rêve aux allures cauchemardesques pour que vienne à mon oreille l'écho de cette résonance intérieure.

L'intuition, cette si fidèle alliée, constituait alors pour moi un code tout à fait indéchiffrable et ma raison était mon seul guide. Mes expériences de vie où l'intuition fut mise de côté se sont vites accumulées, jusqu'à ce que je sois convaincue que cette option faisait défaut chez moi. L'intuition devait être en épuisement de stock au moment de ma conception. Forte de cette conviction, j'étais d'autant plus persuadée de n'avoir aucun don de voyance ou de médiumnité. Ces précieux bulbes n'avaient pas été plantés dans mon jardin intérieur.

Cela ne m'empêchait cependant pas de reconnaître l'intuition et la médiumnité comme des phénomènes bien réels. Cette assurance provenait sans doute de mon éducation. Je n'avais pas encore quatre ans lorsque mon grand-père paternel est décédé. Je me souviens encore du sentiment d'incompréhension qui m'habitait lorsque je lui ai rendu visite au salon funéraire. Pourquoi dormait-il là pour toujours ? Pourquoi avait-il si froid et surtout pourquoi ne lui avait-on pas apporté une couverture ? L'explication logique des adultes à propos de leur peine liée au départ de grand-papa n'a jamais rejoint mon petit cœur d'enfant qui sentait encore sa présence chaleureuse et bien vivante.

Ma mère et mon père ont toujours eu la certitude que grand-papa, du haut du ciel, veillait sur nous. Ils m'ont donc enseigné que je pouvais compter sur lui. En période de grandes difficultés, ma mère demandait ouvertement l'aide et le soutien de grand-papa. Et miraculeusement, une solution inespérée se pointait à l'horizon. Au fil des ans, j'ai grandi en sachant que la vie ne s'arrête pas à la mort physique et j'en ai vu plusieurs manifestations au fil des ans.

Toutes ces manifestations étaient cependant extérieures et je n'avais aucun rôle à y jouer, mis à part celui de demander de l'aide et de me détacher du résultat en étant certaine que la meilleure solution arriverait. Bien que certaines réponses étaient à priori décevantes par rapport à la demande, le temps remettait toujours le tout en perspective et me révélait à coup sûr la présence d'une force supérieure venue à la rescousse. Était-ce mon grand-père, la Vie ou Dieu ? La réponse m'importait bien peu, car le plus important pour moi était de me sentir soutenue et de faire partie d'un dessein plus grand que le mien.

Certains seront tentés d'attribuer ces résultats aux fruits du hasard. J'opterais plutôt pour une synchronicité merveilleuse. Quelle est la différence, me direz-vous ? Le hasard, c'est un résultat sur lequel nous n'avons aucun contrôle. Je peux désirer gagner à la loto, mais je ne peux influencer le boulier qui dicte le numéro gagnant. La synchronicité nous amène à voir la vie telle une valse où chacun des pas, les bons comme les mauvais, créent la danse elle-même et ne servent qu'à nous rendre meilleur danseur. Tout ce qui nous arrive est donc orchestré dans un plus grand dessein, parfois incompréhensible au départ, mais dont le sens se déploie au rythme de nos apprentissages.

Il n'en demeure pas moins que les expériences avec mon grand-père ont contribué au fil des ans à bâtir ma profonde conviction de l'existence de la vie après la mort et surtout à l'existence d'une force supérieure qui orchestre cette formidable danse de la vie. En les observant, j'ai remarqué que cette danse n'a rien d'un ballet tout écrit à l'avance. Au contraire, chaque pas exécuté par un danseur crée le mouvement qui s'intègre en harmonie avec les autres danseurs.

Alors, dès mon jeune âge, j'ai appris, de façon bien inconsciente, à m'abandonner à cette force en suivant le modèle parental. Puis en grandissant, comme tous les enfants, j'ai fait mes propres expériences d'abandon à cette merveilleuse force qui guidait ma route. Forte de leur effet, j'ai alors voulu prouver au monde ma valeur personnelle et j'ai délaissé l'abandon pour prioriser le contrôle de ma vie et de ce qui s'y manifestait dans l'espoir de la rendre plus belle. En faisant cela, je venais de fixer un long rendez-vous à la déception et au vide intérieur.

Le grand ménage

Souvent déçue et frustrée, j'ai été forcée, par certains événements douloureux qui se précipitaient dans ma vie, à partir à la conquête du bonheur. Je voulais comprendre le sens de ces désillusions. L'âge de « raison » ne me procurait malheureusement pas les réponses que mon cœur voulait entendre. Il cherchait désespérément quelque chose qu'il ne pouvait encore définir ni même identifier. Ce cœur émotionnel était alors si vide et si seul! Il s'emmurait dans les dédales d'incompréhension de cette vie pourtant si choyée. Il fallait donc trouver une voie qui lui permette de s'ouvrir et se remplir. J'ai alors commencé à m'intéresser de façon plus marquée aux phénomènes liés à la synchronicité et aux principes de la vie elle-même afin de trouver les racines de mes déceptions et insatisfactions. La période du grand ménage venait de commencer. À cette époque, je ne me doutais pas que le sentiment de vide en moi avait une telle profondeur.

Pendant plusieurs années, j'ai épousseté, lavé et frotté de nombreuses croyances enfouies au fond de ma mémoire. Sans m'en rendre compte, je venais de débuter une longue formation qui m'apporterait des connaissances fort utiles sur moi-même et sur la vie. Sans même le savoir, plusieurs personnes ont joué des rôles significatifs dans cette grande aventure d'apprentissage. Une phrase ici, un témoignage là et voilà un nouvel éclairage sur ma recherche de vérité et d'absolu. Comme on dit «Quand le disciple est prêt, le maître arrive». Fort bien déguisés lors de leur passage, ces maîtres ont laissé une marque indélébile de leurs enseignements dans mon cœur et dans mon âme. Et le processus d'écriture m'a permis de découvrir plusieurs subtilités dont je n'avais jusque là pas encore pris conscience. J'y ai aussi redécouvert certaines notions intégrées dans ma vie, mais dont j'avais presque oublié la provenance.

Je me rappelle, lorsque j'étais au collège, j'avais recommencé à faire de l'eczéma tout comme lorsque j'étais bébé. Un physiothérapeute et acupuncteur très axé sur les phénomènes énergétiques m'avait appris à me servir de mon troisième œil, situé au niveau du front, pour diminuer les crises et mieux contrôler mon anxiété. J'ai placé en annexe de ce chapitre l'exercice qu'il m'avait alors appris.

À l'époque, je n'avais aucune notion sur la guérison, les centres d'énergies et leur mode de fonctionnement, mais j'ai fait cet exercice de nombreuses fois pour me soulager non seulement des désagréments de l'eczéma, mais aussi d'indigestion, de maux de tête, de cou, de ventre. Sans le savoir, j'apprenais à me servir de mon énergie. J'apprenais que j'avais un pouvoir bien plus grand que je ne le pensais sur ce corps offert à ma naissance. Mais ces découvertes me laissaient encore sur ma faim. Le sentiment de ne pas être rassasiée perdurait encore, me poussant ainsi à continuer à chercher comment combler ce vide en moi.

Puis, peu à peu, des guides sur ma route m'ont fait découvrir des sujets dont j'ignorais même l'existence. Cela m'a donné le goût de lire et d'assister à des conférences et des ateliers sur des sujets aussi variés que la psychologie, la parapsychologie, l'énergie, la vie dans l'au-delà, les récits de diverses canalisations, la méditation. Au fur et à mesure que mes yeux et mon esprit déchiffraient le sens profond des écrits noircis sur les blanches pages, mon côté sombre, celui où se cachaient bien des défis personnels auxquels je devais dorénavant faire face, remontait au grand jour. Et ces défis m'amenaient à voir de plus en plus le trou béant en moi. Je ne pouvais plus l'éviter ni le contourner. J'apprenais à me connaître jusqu'au fond de mes entrailles en expérimentant les nouvelles notions acquises dans ces lectures et également celles qui m'avaient été enseignées lors de conférences, d'ateliers et de formations. Je me sens particulièrement choyée de n'avoir rencontré sur ma route que des personnes de cœur dont les intérêts étaient altruistes. Et bien qu'à l'époque je ne pensais pas avoir d'intuition, je me suis toujours instinctivement éloignée des gens ou des enseignements qui ne vibraient pas au même diapason que mon cœur.

À la découverte de mon intuition

Puisque j'avais la croyance profonde, depuis déjà plusieurs années, que la nature ne m'avait pas dotée de l'intuition, mon exploration consciente de la Vie ne s'attardait pas à cet aspect. Mon attention était plutôt concentrée sur la compréhension de ma vie. Toutefois, je ne me rendais pas compte à quel point il était important de trouver les réponses dans mon propre livre du cœur. Tous ces écrits, toutes ces conférences ne servaient dès lors que d'étincelles pour rallumer la flamme de mon intuition. Et il m'en a fallu du temps et des coups durs pour renoncer à cette idée préconçue que je m'étais mise dans la tête longtemps avant.

Par un beau jour ensoleillé de printemps, j'ai rencontré, près de chez moi, une dame nommée Kristine. Nos enfants jouaient dehors et nous avons bavardé de tout et de rien. De fil en aiguille, nous sommes devenues de bonnes amies. Elle m'a beaucoup appris sur les phénomènes énergétiques et sur moi-même. Elle venait de terminer une formation en massage métamorphique et m'a offert de m'en faire bénéficier. Cela m'a permis de comprendre bien des expériences de ma vie que j'avais occultées à cause de la douleur qu'elle me faisaient vivre. Enfin, je pouvais commencer à assembler des morceaux de mon casse-tête de vie, car je pouvais maintenant les observer sous un autre angle. Cette nouvelle compréhension me stimulait pour acquérir encore plus de connaissances. J'avais tellement envie de voir toutes les pièces reconstituées.

Après quelques traitements chez Kristine, j'ai réalisé que, des profondeurs de mon cœur, surgissait soudainement une petite et très faible voix fort ravie d'être enfin entendue. À ma grande surprise, mon jardin intérieur possédait la magnifique fleur de l'intuition, mais je n'avais jamais su la reconnaître et encore moins sentir ses enivrantes possibilités. Quelle découverte, à la fois stimulante pour toutes les perspectives nouvelles qu'elle apportait, mais également terrifiante à la seule idée de sortir des sentiers battus !

Il m'a donc fallu apprendre, non seulement à entendre cette voix, mais à la suivre. Ce fut sans doute la partie la plus ardue, car elle me faisait parcourir des sentiers totalement inconnus. M'abandonner à cette voix, c'était de laisser la sécurité proposée par mon mental. Ici, il me fallait apprendre à marcher sans mes anciennes balises et c'était drôlement affolant. Je me souviens d'un événement marquant qui constitua un tournant majeur dans ma vie.

En lisant le journal dans la salle d'attente chez un garagiste, j'ai aperçu une photo de Claire Pimparé. Mes enfants étaient encore à l'âge d'écouter le célèbre personnage Passe-Carreau qu'elle avait interprété dans l'émission Passe-Partout. Par curiosité, j'ai voulu savoir ce qu'elle devenait. Elle était alors la porte-parole d'un nouveau magazine dont je n'ai même pas retenu le nom. Une vague de chaleur m'a enveloppée toute la poitrine et mon cœur battait la chamaille. Je me suis alors entendue dire dans tout mon être : « Il faut que j'écrive dans ce magazine ».

Ce projet me parut totalement farfelu, car je n'avais aucune idée de texte à soumettre. Alors que je pratiquais le notariat, j'avais écrit plusieurs articles pour des journaux et ça ne m'intéressait vraiment plus de pondre des rédactions sur le sujet. Mais que pouvais-je donc écrire d'autre ? J'avais envie de laisser tomber ; cependant, la sensation ressentie m'habitait toujours et je ne pouvais oublier ces mots qui revenaient sans cesse. Quelques jours plus tard, je fis des démarches pour parler à l'éditrice de ce magazine pour découvrir qu'elle cherchait quelqu'un pour sa chronique juridique. J'en fus sidérée. Je venais de connaître et d'expérimenter les mécanismes physiques de mon intuition. Il me restait à sauter dans le vide pour mordre à belles dents dans cette nouvelle opportunité offerte sur un plateau d'argent. Puisque je n'avais pas le goût de répéter mes expériences d'écriture passées, ma petite voix allait m'amener à trouver une nouvelle voie, un nouveau défi qui se révéla être une grande bénédiction. Grâce à cette chronique, j'ai non seulement appris à développer davantage mon intuition pour rédiger les textes devant être publiés, mais j'ai également eu l'immense privilège de connaître des gens merveilleux et de bâtir de nouvelles amitiés très enrichissantes. Je suis émerveillée de voir la grandeur des visées de l'Univers. Jamais je n'aurais imaginé un tel scénario.

Jouer à reconnaître

Évidemment, je n'ai pas toujours su écouter ce que mon cœur me dictait de faire. Ce sont ces écarts de conduite qui m'ont permis d'apprendre pour mieux entendre et comprendre cette petite voix. Mon côté rationnel dominant est souvent venu freiner les ardeurs de mon intuition. Trouver un équilibre entre les avertissements incessants de mon mental et les impulsions de mon intuition était ce que je devais découvrir. Il m'était tellement difficile de faire confiance à ces sensations intuitives qui me parlaient ! Ma raison ne cessait de me marteler l'esprit pour que je demeure dans les chemins biens connus. Il fallait donc que je trouve un moyen sans risque ni conséquence de vérifier la fiabilité de ces échos intérieurs. C'est donc par le jeu que j'ai décidé de tester mon intuition.

Ainsi, plusieurs fois par jour, je laissais à mon cœur le loisir de me dicter ma route. Tout devint prétexte à m'exercer. Lorsque la sonnerie du téléphone retentissait, je fixais mon attention au cœur en fermant les yeux et, de façon consciente, je me concentrais au niveau de la tête, puis, je la faisais descendre au niveau du cœur pour ensuite tenter de dire qui appelait. Si j'avais une course à faire, je demandais clairement à ma petite voix de me conduire là où ce serait le mieux. Cette façon ludique d'apprendre à développer mon intuition était bien amusante, car peu importe si je suivais ma raison ou mon cœur, le résultat final était toujours sans grande importance.

Il m'arrivait fréquemment de croire que j'avais écouté ma petite voix, mais c'était plutôt ma tête qui avait parlé haut et fort. Toutefois, je pouvais constater la différence dans les résultats. La déception m'attendait souvent lorsque mon mental m'avait guidée. Cependant, chaque fois que j'avais bien suivi mon cœur, une surprise m'attendait, un peu comme on récompense l'enfant pour ses bons apprentissages.

Je me souviens d'une fois où j'avais un rendez-vous à l'extérieur de chez moi. J'étais assez pressée et je devais également faire quelques emplettes pour le dîner que je donnais ce soir-là. En route, je me demandais comment faire pour arriver à faire mes achats avant mon rendez-vous sans être en retard, puisque je devais faire un détour pour acheter une bouteille de vin. J'étais seule sur la route et je devais me décider avant la prochaine sortie. Je demandai alors tout fort : « Bon, dois-je prendre la prochaine sortie pour aller acheter le vin immédiatement ou dois-je attendre après mon rendez-vous ? » Et je fixai mon attention au cœur, un peu comme si j'entrais dedans pour voir ce qui s'y trouvait et surtout ce que j'y ressentais afin de recevoir la réponse.

La réponse est venue quasi instantanément. Je sentais que je devais demeurer sur la voie de gauche et filer à mon rendez-vous, mais encore une fois, les doutes me firent hésiter. Aussi, je demandai haut et fort une confirmation à l'effet que je devais rester sur cette voie. Alors, je tentai de m'engager dans la voie de droite pour prendre la sortie, mais il m'était totalement impossible d'y accéder sans ralentir de façon considérable, car il y avait maintenant plusieurs voitures sur cette voie. Je ne sais d'où elles arrivaient, car à peine quelques secondes auparavant, les deux voies étaient désertes. C'était là, la confirmation que j'attendais !

Tout était clair, il fallait que je poursuive ma route vers mon rendez-vous. C'est donc dans l'abandon que j'ai filé tout droit vers ma destination de rencontre. Après m'être garée et avoir arrêté la voiture, j'ai découvert, en levant les yeux, qu'il y avait un dépositaire licencié de vins et alcools dans le même édifice où je me rendais. Je pourrais donc acquérir cette fameuse bouteille de vin en toute quiétude. J'ai éclaté de rire en remerciant la vie. Qu'il faisait bon se laisser guider au gré des indices sur notre route !

L'étape de la confusion

L'allégresse procurée par ces moments de joie intense m'encourageait à poursuivre la découverte de ce précieux cadeau dont j'avais si longtemps ignoré l'existence. La suite de mes essais-erreurs m'a cependant menée sur le chemin de la confusion. Je voulais vivre d'autres instants magiques, mais cette volonté venait de ma tête. Le mental fort de ces expériences grisantes désirait à tout prix recréer de telles situations pour se vautrer dans la satisfaction. Je fus alors submergée par toutes sortes de messages des plus contradictoires. Ma tête disait blanc et mon cœur disait noir. Dans ce dédale d'indécisions, la grisaille me gagnait.

Forte de son expérience passée, ma tête avait repris le contrôle de tous mes ressentis et me dictait les intersections à prendre. Il ne m'a point fallu beaucoup de temps avant d'être complètement perdue. Quelle confusion ! Je n'arrivais plus à voir qui était l'interlocuteur qui m'adressait la parole et je ne saisissais plus la différence entre ma voix du cœur et celle du mental. J'ai mis plusieurs semaines à réaliser qu'en fait, j'avais simplement oublié la recette gagnante de l'intuition : silence, on écoute ce que le cœur a à dire !

La tête raisonne toutes les informations et elles sont, par conséquent, déformées. Les informations qui proviennent du cœur sont à l'état pur, car elles proviennent de notre Moi Supérieur ou si vous voulez de notre âme. Je me retrouvais toujours devant des impasses, car ma tête interprétait les messages de mon cœur pour les rendre logiques. C'est là que le bât blesse, puisqu'il n'y a rien de logique au niveau du ressenti. Loin de moi l'idée de tasser pour de bon le mental, mais il me fallait apprendre à l'encadrer pour qu'il puisse bien jouer son rôle de senseur, au lieu de le laisser diriger toute la pièce de théâtre de ma vie. La juste répartition des rôles entre la tête et le cœur contribuerait à m'offrir, en tant que spectatrice de ma vie, une prestation mieux équilibrée et des plus harmonieuses.

Une véritable découverte venait d'être faite dans mes annales, celle de l'équilibre entre la tête et le cœur. Il me fallait maintenant garder en mémoire cette leçon pour poursuivre ma quête.

Exercice du troisième œil

Fermez les yeux. Prenez cinq à six profondes inspirations. Fixez votre attention et votre regard au niveau du front. Vous verrez alors apparaître le troisième œil. À l'aide de votre imagination, regardez à l'intérieur de cet œil. Continuez de fixer votre attention dans cet œil et imaginez que vous pouvez le faire circuler dans votre corps. Déplacez-le jusqu'à l'endroit problématique. Prenez conscience de la congestion interne qui existe à cet endroit. Visualisez-la et imaginez-en le soulagement. Visualisez chacune des cellules se libérant de la congestion et reprenant librement son rôle habituel.

Maintenez cette visualisation jusqu'à ce que la douleur ou l'inconfort soit totalement dissipé. Prenez quelques grandes inspirations et savourez le confort qui s'installe dans tout votre corps.

Chapitre 2

Apprivoiser la vision du cœur

Les yeux du corps ne voient que la forme.
Marianne Williamson,
Un retour à l'Amour

La confusion m'avait appris à mieux comprendre ma voix intérieure. Elle me forçait à être à l'écoute et à discerner la voix du cœur et celle de la tête. L'expérimentation par le jeu me permettait d'être de plus en plus à l'aise d'emprunter les avenues que l'intuition me traçait tout en douceur. Elle devenait mon guide et mon amie. Je trouvais cela merveilleux. La Vie, dans toute sa beauté, s'était déployée pour m'offrir tout ce dont j'avais besoin pour comprendre mon âme. Pour la première fois de ma vie, je réalisais vraiment dans toute sa profondeur que l'intuition, c'était mon Être Supérieur qui me parlait pour me guider. Tout s'imbriquait pour donner un sens parfait à ma vie, un véritable chef-d'œuvre quoi! Évidemment, j'étais consciente que je n'en étais qu'aux premiers balbutiements et qu'il me restait encore beaucoup de pain sur la planche avant de percer les mystères de mon Moi Suprême.

La première manifestation visuelle

Je continuais donc à me laisser guider tantôt par mon intuition tantôt par ma raison et, du coup, je peaufinais mes connaissances et mes expériences. Puis, un beau jour d'automne, alors que j'étais assise confortablement et plongée dans une lecture, je me suis soudainement sentie étourdie. J'ai alors fermé les yeux pour retrouver mon équilibre. C'est alors que j'ai vu l'image très claire d'une chaloupe qui avançait lentement sur une rivière. Il y avait deux personnes à bord. Elles ont vogué jusqu'à un arbre immense, dont les branches étaient repliées sur l'eau. L'un des occupants a soulevé une grosse branche et un corps est remonté à la surface de l'eau. Ces images m'ont effrayé et je me suis sentie si mal que j'ai immédiatement rouvert les yeux.

D'une clarté et d'une précision incroyable, ces images m'ont véritablement troublée. Je n'avais jamais vécu rien de pareil. Les représentations mentales semblent habituellement bien réelles, même si elles demeurent impalpables. Celles-ci étaient plus vraies que nature. Immédiatement, j'ai pensé à un présage? Je ne connaissais personne qui pouvait se trouver sur une rivière ou qui projetait d'y aller. D'où venaient ces images et que signifiaient-elles? Mon cœur battait la chamaille. Qui était cette personne morte? Comment pouvais-je comprendre ce qui arrivait?

Autant de questions sans réponses. Tout se bousculait dans ma tête. Seule la respiration profonde pouvait me venir en aide, histoire de me calmer un peu. Après quelques grandes inspirations, j'ai tenté d'y voir plus clair. J'ai refermé les yeux et respiré profondément. Un souvenir est alors remonté des profondeurs de ma mémoire. Il y avait plus de vingt ans, une tante de ma mère, nommée Madeleine, avait été retrouvée dans des circonstances similaires au fond d'une rivière. C'était là un point de départ, mais je me questionnais fortement sur sa pertinence. Puisque ce fut le seul indice que je possédais à ce moment, il me fallut donc construire les hypothèses de solutions autour de cet élément totalement nébuleux. J'errais en plein brouillard.

Une hypothèse plausible

Plus tard en soirée, une conversation que j'avais eue quelque temps auparavant avec mon amie Kristine m'est revenue à l'esprit. Elle m'avait alors parlé de la façon dont elle avait aidé son père à atteindre la Lumière plusieurs années après sa mort. Était-ce tante Madeleine qui tentait de me contacter pour cette raison ou avait-elle un autre message pour moi ou la famille? Il était tellement impensable qu'une âme puisse me contacter! Qui donc voudrait se risquer à me parler alors que j'avais déjà tant de difficultés à comprendre les messages de mon cœur? J'avais certes réveillé mon côté intuitif, mais de là à entrer en contact avec des personnes décédées, il y avait une très grande marge. De plus, je ne connaissais tante Madeleine que par les récits que ma mère m'en avait faits. Alors, il me semblait très peu probable qu'elle puisse venir me voir. Toutefois, je devais admettre que toutes ces impulsions qui montaient en moi, les images, les souvenirs, les bribes de conversations que mon mental s'empressait de faire taire, me dictaient la voie de la compréhension.

Mais l'hypothèse que tante Madeleine veuille me parler semblait si loin de ma réalité et de mon vécu! Aussi devant ma perplexité, le meilleur conseil que Kristine m'a donné, fut celui de demander à l'Univers d'où provenait cette information et d'être attentive à la réponse. Je lançai donc haut et fort mon besoin de comprendre et j'attendis que la réponse me parvienne. Demandez et vous recevrez, nous a-t-on enseigné. Et l'application du principe s'est rapidement manifestée dans mon cœur lors d'une autre vision.

Cette fois, c'était fort différent de la première vision. Je prenais une bouchée au restaurant et je me suis sentie étourdie encore une fois. J'ai fermé les yeux et une jeune dame, très belle, m'est apparue. Son prénom résonnait dans mon cœur avec une telle force! Elle me souriait et semblait si heureuse! Elle ressemblait à un enfant qui veut jouer. C'était bien tante Madeleine qui m'avait contactée. Je le sentais au plus profond de moi, avec une telle conviction! Un sentiment de certitude m'habitait et rien ni personne n'aurait pu me convaincre du contraire. Bien qu'aucune preuve tangible ne pouvait être fournie, ma raison ne pouvait plus nier.

Le motif de sa présence

L'identité de tante Madeleine était maintenant réglée, mais une question demeurait: que voulait-elle? Je l'ai revue quelques fois, toujours dans les mêmes circonstances. Je me sentais étourdie et en fermant les yeux, je la voyais tout sourire, puis l'image disparaissait. Elle ne pouvait se manifester ainsi sans raison. Je ne saisissais vraiment pas pourquoi elle venait me voir après tant d'années. En parlant avec Kristine, celle-ci émit alors l'hypothèse qu'il était possible qu'elle ait besoin d'aide pour franchir le tunnel menant à sa Véritable Demeure, soit à la Lumière.

Puisqu'elle avait vécu ce passage avec son père, Kristine m'offrit alors de mettre à profit son expérience avec tante Madeleine. Pour moi, tout ça était nouveau. Je baignais littéralement dans l'ignorance quant à ces notions de passage et d'aide aux personnes décédées. J'avais toujours cru que ce processus n'appartenait pas au département terrestre, mais plutôt à nos amis du monde astral. J'étais à la fois surprise et émerveillée et je me disais que Kristine avait bien de la chance de pouvoir collaborer à cette ascension. J'acceptai son aide avec enthousiasme, car j'avais bien l'intention d'aller au bout de cette expérience, d'apprendre de nouvelles connaissances et surtout de comprendre le véritable motif de la présence de tante Madeleine.

Le premier accompagnement

La méditation faisait partie de mes horaires quotidiens depuis quelque temps. J'y pratiquais les exercices proposés dans des lectures ou des conférences. J'avais tiré de ceux-ci plusieurs extraits qui me plaisaient et je m'étais fabriquée un rituel d'enracinement bien personnalisé avec des informations que j'avais récoltées çà et là sur ma route; ce rituel lequel est décrit à la fin du présent chapitre à titre de référence. Lorsque cet exercice était terminé, mon attention était centrée au niveau du cœur. J'y contemplais alors le bien-être et le bonheur du moment présent. Être simplement là pour écouter et voir ce que mon cœur désirait partager à ce moment précis était et est toujours un pur ravissement. Quelle surprise ce fut, d'y voir pour la première fois une présence!

Je voyais une silhouette floue qui venait vers moi. Cherchant qui pouvait bien me visiter, j'ai alors entendu dans mon cœur le prénom de Madeleine. Puis, son visage est devenu plus clair et j'ai reconnu les images de la dame que j'avais vue auparavant. C'était bien cette femme d'une grande beauté avec son sourire si communicatif ; je ne l'avais pas oubliée. Mon cœur la reconnaissait sans la moindre hésitation, même si je ne l'avais jamais vue de son vivant. Une belle occasion s'offrait alors de connaître la raison de ses apparitions ! Risquant la question, je lui demandai, dans un léger flot de mots qui coulait de lui-même, ce qu'elle voulait et si elle désirait que je l'accompagne jusqu'à la Lumière. En fait, ces questions sont venues de mon cœur et non de ma bouche. Cela m'étonne de voir comment ce dernier savait exactement quoi faire et quoi dire, alors que j'avais l'impression de vivre une toute nouvelle expérience.

Puis, l'acquiescement de tante Madeleine m'est parvenu sous la forme d'une intense vibration au niveau du cœur qui était si bonne à ressentir. Les palpitations cardiaques allaient en tout sens, comme si mon cœur était sur le point d'exploser. Jamais je n'avais éprouvé une telle décharge d'énergie. Tous les coups de foudre confondus peuvent aller se rhabiller, ils n'égaleront jamais cette sensation si vive. Point d'hésitation, elle réclamait de l'aide pour faire la grande traversée. À ce moment précis, tous mes doutes, mes peurs et mes incompréhensions s'étaient dissipés. Il ne restait que l'amour et l'assurance. Tout se déroulait sans que je n'aie besoin de penser, la tête était mise en veilleuse pour laisser toute la place au cœur.

Sans m'y attendre, j'ai alors dit à tante Madeleine : « Viens, prends ma main, je vais t'y conduire ». Ce n'est pas ma main physique qui a ressenti sa préhension. Cet effet s'est plutôt ressenti à un autre niveau que je ne pouvais alors décrire, comme s'il s'agissait des mains de mon cœur. Puis, comme on guide un enfant, nous avons fait quelques pas. J'ai eu alors la véritable sensation d'être aspirée vers le haut dans un tourbillon d'énergie. Ce vortex nous transportait aisément, sans que nous ayons quoi que ce soit à faire. Nous sommes montées ainsi pendant quelques secondes. Du moins, c'est le souvenir que j'en garde, bien que la notion du temps ne soit qu'une réalité terrestre. Il y avait une telle énergie et une vibration indescriptible ! Mon cœur arrivait à peine à suivre ce rythme effréné !

La montée en spirale achevée, le tourbillon s'est transformé en une blancheur immaculée sans être pour autant aveuglante. Plus loin en avant de nous, il me semblait voir une ouverture. Je savais que tante Madeleine avait trouvé la destination tant attendue. Des Êtres lumineux, d'une douceur incomparable sont venus l'accueillir. Ils étaient tous vêtus de blanc et se fondaient au décor laiteux. Je ne voyais que leurs déplacements fluides comme un merveilleux ballet. Leur présence était rassurante et tante Madeleine et moi étions toutes deux littéralement enveloppées de leur immense amour. Et ma petite voix m'a soufflé au cœur que ma mission était accomplie. J'ai alors dit à tante Madeleine : « Voilà, tu peux faire un bout de chemin avec ces merveilleux Êtres de Lumière. Veux-tu rester ici ? » Elle a acquiescé. Dans une étreinte d'une légèreté indescriptible, je prenais conscience des liens profonds qui nous unissaient. Nos routes ne s'étaient pas croisées sur Terre lors de son dernier passage, mais je savais en ce moment précis que nous nous connaissions de longue date. Le temps était maintenant venu de nous dire au revoir.

Tout ce qui monte doit redescendre

La forte sensation ressentie au niveau du cœur n'était qu'un pâle reflet de la compréhension du processus de la vie qui m'a alors envahie. Je réalisais que je venais de retrouver une vieille connaissance, un membre de ma famille spirituelle vers laquelle nous retournons après nos visites terrestres. C'est notre point d'ancrage de l'autre côté des choses, le lieu où il fait si bon se retrouver, comme à la maison familiale sur Terre. Les souvenirs de cette famille céleste me revenaient et je me rappelais de ce lieu d'apprentissage et de ressourcement privilégié.

Je réalisais également que je n'avais été coupée de cette famille que par la volonté de mon mental à rompre cette connexion pour me garder prisonnière de ma raison. Pour la première fois de cette courte vie, je goûtais vraiment consciemment à la puissante force céleste. Rien de ce que j'avais palpé antérieurement n'avait cet égal. Je ne sentais plus mon corps, mais seulement mon cœur qui appréciait ces retrouvailles avec les siens. Comme cela était bon ! Enivrante sensation qui me berçait, comme une mère berce son enfant. Je n'avais plus d'autres pensées, d'autres désirs. Seulement celui d'être dans cet état d'amour pour toujours... Oh ! Oh ! L'éternité m'attendra, car mon corps me rappelle sur la terre ferme. Pourquoi est-ce déjà l'heure de rentrer ? Je n'ai d'autre réponse que cet appel de mon corps me ramenant doucement dans ma chambre.

Plusieurs minutes se sont écoulées avant que je ne me décide à rouvrir les yeux. Je croyais avoir rêvé, mais ce cœur qui battait encore à un rythme accéléré dans ma poitrine me prouvait que j'avais bel et bien vécu ce moment merveilleux. Je baignais encore dans cette enveloppe d'amour extraordinaire. De l'autre côté de mes paupières, mon quotidien m'attendait. Il ne me tardait pas d'y retourner. Le moment passé de l'autre côté avec tante Madeleine m'avait comblée d'amour. Enfin, j'avais trouvé ce que j'avais tant cherché ma vie durant. Cet amour et cet état de bien-être représentaient toute ma quête de bonheur. C'était donc ce manque intense de cette forme d'amour qui causait le trou béant en moi. Voilà donc pourquoi ni personne ni aucun élément extérieur ne pouvaient contribuer à le combler. Quelques années auparavant, j'avais même souhaité en finir avec la vie pour faire taire la douleur provenant de cette absence. Je comprenais maintenant la source de cette douleur et le moyen de la guérir ! Retourner à ce quotidien bien usuel me semblait soudain très lourd. Comment pourrais-je continuer mes activités terrestres sans cette puissante sensation d'extase que j'avais si longtemps espérée ? Même un saut de « bungee » me paraissait à présent banal !

Place au scepticisme

Sans m'en rendre compte, je venais de demander inconsciemment plus d'action dans ma vie. Et la réponse m'attendait déjà en ouvrant les yeux. Elle était personnifiée par le doute et avait pour mission de convaincre ma raison de l'impossibilité absolue de l'existence de cette expérience. Mon occupation principale changea aussitôt, tellement le doute occupait mes pensées. J'étais devenue dans l'instant d'un éclair une sceptique professionnelle. Toutes les idées liées à cette situation devaient dorénavant faire l'objet de la plus haute analyse et devaient être soumises au directeur général de la Raison pour approbation.

Alors, la ronde du questionnement a débuté. Et si j'avais imaginé tout ça ? Comment avais-je pu faire ce trajet alors que je ne le connaissais même pas ? Puisque je ne le connaissais pas, il devait forcément y avoir une force plus grande que moi qui m'y avait amenée ? Et si mon imagination me jouait des tours ? Tout s'embrouillait dans ma tête[1]. En quelques heures, la si belle enveloppe d'amour qui m'étreignait s'était dissipée pour laisser toute la place au long manteau des doutes. Mon cœur savait qu'il venait de vivre un extraordinaire moment d'amour, mais ma raison ne pouvait l'accepter et faisait tout en son œuvre pour ancrer l'idée qu'il m'était totalement impossible de vivre de telles expériences, moi qui avais peine à décoder ma propre intuition.

Il m'était fort difficile de comprendre l'expérience que je venais de vivre puisque je n'avais pas la connaissance requise pour le faire. C'était avant tout avec ma tête que je voulais comprendre. J'avais bien accumulé des connaissances sur divers sujets, mais rien ne me permettait de pouvoir qualifier la communication que j'avais eue et par conséquent, encore moins d'en saisir les tenants et aboutissants. Le plus irréel pour moi à ce moment-là semblait être l'accompagnement de tante Madeleine au-delà du tunnel de l'incarnation, ce fameux tunnel dont parlent tous ceux qui ont vécu une expérience imminente de mort. J'avais entendu parler de l'existence de ce tunnel comme d'un long corridor sombre au bout duquel perçait une lumière étincelante. Cependant, je ne pouvais, outre ma conviction personnelle de son existence, en parler abondamment ou même le décrire. Je ne sais même pas d'ailleurs à quoi se rattachait cette conviction, car mes connaissances du sujet étaient réellement rudimentaires. Alors, ce n'est certes pas cette conviction qui m'a procuré le mode d'emploi pour le franchir. Comment avais-je pu savoir

---
1. Vous trouverez en annexe du présent chapitre une légende sur le mental d'un auteur inconnu.

exactement le chemin à parcourir et quel geste à accomplir ? Cela restait un mystère pour moi et me rendait totalement incrédule.

À la recherche d'une explication logique

N'en pouvant plus de tergiverser avec tout cet enchevêtrement de pensées, j'en ai référé encore une fois à Kristine. Quel privilège de l'avoir à mes côtés en ces temps de tourments ! Ses paroles ont rassuré mon cœur, mais ma raison qui avait perdu un peu de sa vigueur, continuait toujours à résister. Sylvie Ouellet ne pouvait avoir réellement accompagné une âme. C'était écrit impossible en grosses lettres dans mon livre personnel ! Moi qui ne connaissais absolument rien de ces phénomènes, je n'avais pu procéder à cet accompagnement. Évidemment, mon cœur vibrait à l'idée d'avoir déjà acquis ces connaissances dans une autre vie ou par le simple souvenir de mon passage vers la Lumière. J'avais lu sur les vies antérieures et les passages d'une vie à l'autre et je savais que cela était possible. Cependant, ces minces connaissances ne faisaient pas le poids contre ma logique qui refusait systématiquement de reconnaître ces possibilités. Il ne me restait alors d'autre choix que celui de classer l'expérience dans mon album de souvenirs...

Une deuxième vision

La Vie allait vite me procurer d'autres preuves des connaissances que j'avais enfouies en moi depuis fort longtemps et dont je n'avais même pas idée encore. J'avais découvert ma petite voix, mais loin de moi la pensée que j'étais aussi en train de développer la médiumnité, c'est-à-dire mes capacités à communiquer avec des âmes ou des Êtres de Lumière, ainsi que de recevoir ou d'aller chercher des informations du monde intangible. À ce moment, personne n'aurait pu me convaincre que cela m'était aussi accessible. Ce concept abstrait n'avait aucune résonnance à mes oreilles. J'avais foi en l'existence de ces phénomènes de communications, ayant à quelques reprises consulté des médiums afin qu'ils me guident dans mon cheminement. Toutefois, jamais au grand jamais, je n'aurais pu croire que moi je puisse obtenir des informations en provenance de l'autre monde. Cela relevait de l'impossibilité. En fait, tout comme l'intuition, je ne pouvais récolter cette moisson, n'ayant jamais cultivé cette semence par ignorance de son existence dans mon propre jardin.

Et vlan ! La mise en scène s'installe ! Un jour, il se produisit un banal accident de voiture à cause d'une distraction de ma part qui vint complètement chambouler mes occupations et celles de ma famille. Personne ne fut blessé mais les dégâts matériels à la voiture étaient assez importants. Puisqu'il s'agissait d'une voiture âgée, l'assureur demanda à procéder à une vérification d'usage pour évaluer s'il accepterait la réparation ou s'il nous offrirait une compensation en argent, expédiant ainsi la voiture à la démolition. Cette situation nous plaçait, mon conjoint et moi, devant un choix financier important. Après avoir envisagé toutes les options, mon conjoint en arrivait à la conclusion qu'il serait souhaitable que l'assureur accepte la réparation.

De mon côté, je nageais dans la confusion. Ma petite voix me parlait, mais ma tête criait encore plus fort.

Alors avant de méditer, je demandai d'être éclairée sur la décision à prendre. Au cœur de la méditation, je reçus des images très claires du dessous d'une voiture. La précision des images y était, mais mes connaissances en mécanique ne me permettaient pas de mettre un nom sur ce que je voyais. Puis, à ce moment, j'ai entendu dans mon cœur qu'il n'était pas souhaitable de faire réparer la voiture, car une autre pièce se briserait et le montant de la réparation s'élèverait à plus de mille cinq cents dollars. Je restai abasourdie par ces détails qui encore une fois étaient plus vrais que nature. Toutefois, ces images me posaient un réel problème. Comment expliquer ce que j'avais vu ? Pouvais-je reconnaître cette pièce dans tout bon manuel de mécanique automobile ?

J'expliquai tout cela à Paul. Tout comme moi, il était confronté à prendre une décision sur la foi d'une image reçue, mais qui n'apportait aucune preuve tangible pouvant rassurer notre mental. Je souhaitais tellement que l'assureur tranche et qu'il nous donne un chèque. Cette solution était tellement simple et orientait notre choix sans autre tergiversation pour nous. Mais je me rends compte aujourd'hui que ce faisant, la Vie ne m'aurait pas offert le meilleur cadeau.

Me faire confiance

Lorsque l'assureur m'a téléphoné pour me dire qu'il acceptait la réparation, ce fut comme un coup de poing en plein abdomen. Ce n'était pas possible. Je savais que ce n'était pas la bonne solution. J'étais tellement convaincue en dedans de moi que nous perdrions cet argent et qu'il valait mieux l'investir dans une nouvelle voiture! Mais je ne trouvais pas d'argument logique assez convaincant. Paul, fort soulagé, trouva la réponse souhaitée dans la décision de l'assureur. Il valait mieux garder la vieille voiture plutôt que d'en acheter une neuve. J'usai de beaucoup d'argumention pour tenter de le faire changer d'idée, mais c'était peine perdue, car pour convaincre les autres je devais d'abord être certaine de ma vision.

Et je ne l'étais pas. Je savais, au plus profond de moi, que la réparation n'était pas l'option souhaitable, car j'en avais eu une preuve physique par la sensation éprouvée lors de la vision, mais la confiance que j'avais en cette vision faisait défaut. Puisque que je remettais en question les images que j'avais reçues, n'était-t-il pas normal que les autres n'adhèrent pas à mes propos? Leurs réactions me faisaient douter de cette vision et j'ai fini par me soumettre aux arguments bien logiques de Paul et de l'assureur. La voiture fut donc réparée. J'avais cependant bien hâte d'en connaître la suite, car il était évident que cela ne constituait que le premier acte d'une grande mise en scène. Et c'est sur une note de confusion que se tournait la première page de ma courte histoire de médium.

Exercice
L'enracinement

Un principe important de la méditation est de bien s'ancrer à la Terre pour mieux recevoir la Lumière et les énergies célestes. Cet enracinement permet de concrétiser en nous l'union du Ciel et de la Terre et favorise ainsi une meilleure réception et une meilleure perception des fluides énergétiques. L'enracinement permet aussi d'être ancré à la Terre et nous donne ainsi une base solide et nécessaire pour vivre les expériences de communications.

Exercice :

Asseyez-vous le dos droit et les pieds bien à plat au sol. Prenez quelques profondes inspirations. Imaginez de longues et profondes racines qui poussent de vos pieds jusqu'au centre de la Terre, tel un grand arbre puissant et solide. Sentez la profondeur et la solidité de vos racines. Puis, ressentez l'énergie vivifiante de la Terre monter dans ces racines ; imprégnez-en chacune de vos cellules des pieds à la tête. Cette énergie monte dans tous vos centres d'énergies ou chakras (voir paragraphe suivant) en partant de la base jusqu'au sommet de votre tête. Imaginez ensuite une immense colonne de Lumière pointant du sommet de votre tête jusqu'au ciel. Par cette colonne, vous recevez également les énergies du Ciel dans toutes vos cellules et cette énergie illumine vos chakras du sommet jusqu'à la base. Après avoir complété ce rituel, fixez votre attention au niveau de votre cœur pour y écouter le message de votre âme, de d'autres âmes ou d'Êtres de Lumière.

Il existe plusieurs livres qui traitent en profondeur des chakras. En voici un très bref résumé. Les chakras sont des centres énergétiques du corps humain. Il y en a sept, placés le long de la colonne vertébrale jusqu'au sommet du crâne comme le montre l'illustration suivante :

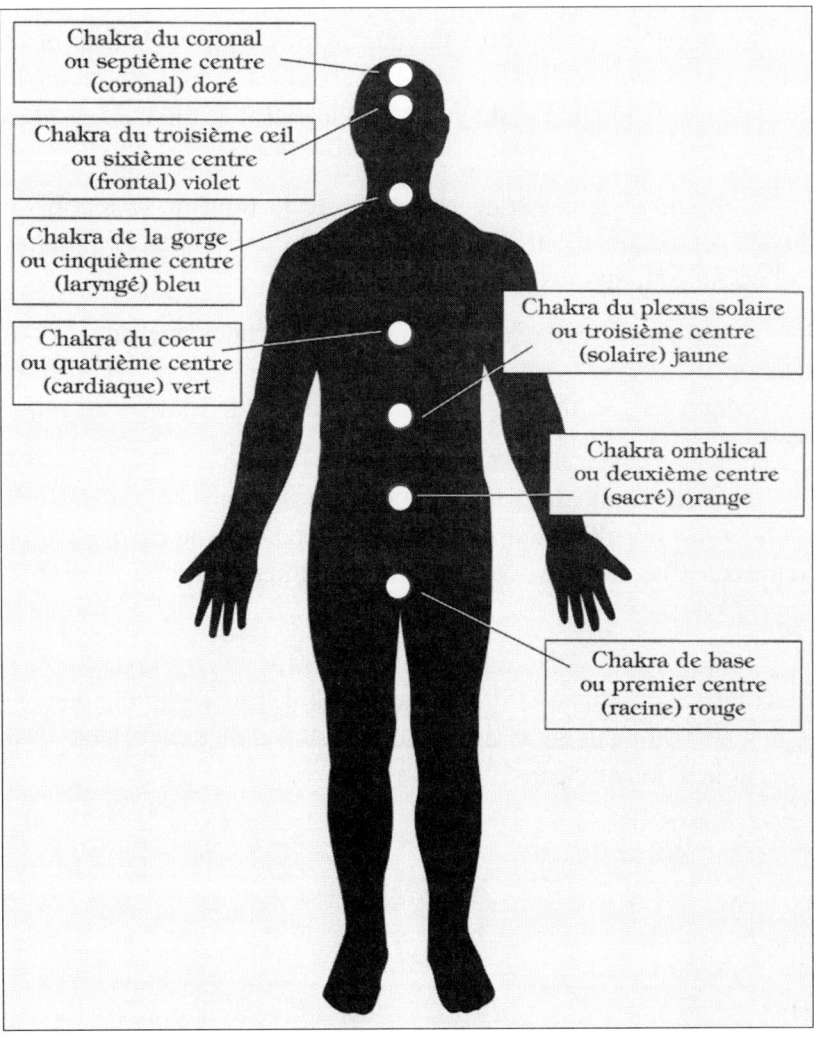

    Le premier chakra est situé à la base du pubis et se nomme en sanscrit *Muladhara* (ou racine) ou chakra de la base. Il est lié aux organes génitaux et aux glandes surrénales. Il représente les racines de la Vie.

    Le second est situé dans la région du nombril et se nomme *Svadhishthana* (ou siège du soi) ou hara. C'est le berceau de la créativité et il est lié aux gonades.

Le troisième centre est situé au niveau du plexus solaire et se nomme *Manipura* (cité des joyaux) ou chakra des émotions. C'est le siège de l'individualité et de la personnalité et il se rattache au pancréas.

Le quatrième est situé au centre de la poitrine et s'appelle *Anatha* (ou invaincu) ou chakra du cœur. C'est la source de l'amour et il est relié au thymus.

Le cinquième centre énergétique se trouve au niveau de la gorge et est appelé *Vishudda* (ou purifier) ou chakra de la gorge. Il constitue l'ouverture vers le plan de la réalité subtil. La thyroïde y est rattachée.

Le sixième, quant à lui, est placé au milieu du front et il est connu sous l'appellation *Ajna* (ou savoir, percevoir) ou encore le troisième œil. C'est le siège des perceptions extrasensorielles. Il se connecte à l'hypophyse.

Le septième s'appelle *Sahasrara* (ou lotus aux mille pétales) ou chakra de la couronne et il est situé sur le dessus de la tête dans la région de la fontanelle. C'est le siège de la Lumière intérieure et il agit sur la glande pinéale.[1]

---

1. Pour de plus amples informations à ce sujet, voici quelques titres : Joan P. Miller, *Le Livre des chakras, de l'énergie et des corps subtils*, Liz Simpson, *Les chakras*, Ambika Wauters, *Le livre des chakras*.

Le mental

« Un voyageur arriva au paradis et tomba endormi sous un arbre à souhaits.

Au réveil, il se rendit compte qu'il avait faim. « J'aimerais bien me mettre quelque chose sous la dent » dit-il. Immédiatement, un plat de nourriture délicieuse apparut par miracle.

Il était si affamé qu'il ne fit pas attention à l'origine de son festln; il mangea. Puis il regarda autour de lui. Il se sentit satisfait.

« Ah! Si j'avais quelque chose à boire... », dit-il. Apparut aussitôt devant lui une bouteille du meilleur vin.

Assis sous l'arbre à souhaits du paradis, repu et joyeux, bercé par la brise, le voyageur s'interrogea : « Qu'est-ce qui peut bien se passer? Est-ce que je rêve ou bien seraient-ce des fantômes qui me jouent des tours? »

Alors, des fantômes apparurent. Ils étaient féroces, horribles et affreux. Il se mit à trembler et, emporté par ses pensées, il se dit: « Ca y est! Ça y est! Ils vont me tuer! »

Et les fantômes le tuèrent.

Le mental est un arbre à souhaits: tout ce que nous pensons se réalisera tôt ou tard. Parfois, la distance est telle que nous ne nous rappelons pas ce que nous avons désiré. Mais, si nous y regardons de près, nous pouvons voir que toutes nos pensées nous créent, nous et notre vie. Et nous en sommes seuls responsables. »

Auteur inconnu

Chapitre 3

Un moment d'amour divin

> *Reconnais ce que tu vois et ce qui t'est caché deviendra simple à tes yeux.*
>
> Gregg Bradden,
> *Marcher entre les mondes*

L'apprentissage se poursuit

Les expériences de tante Madeleine et de la voiture ont augmenté ma soif de savoir et de comprendre la Vie. Il m'importait de savoir comment je pouvais susciter ces moments intenses d'amour. J'avais certes douté de mes propres facultés, mais jamais au grand jamais de l'Univers lui-même. Alors, c'est avec passion que je continuai ma quête de connaissances dans différents domaines. Je mis alors tout mon être au service de l'apprentissage. Mais je ne réalisais pas encore qu'en fait, ce qui me poussait tant à apprendre et à comprendre, c'était le désir profond de me rapprocher de ma véritable essence, d'être plus près de mon âme.

Maintenant que l'étape de récognition était amorcée, une grande période d'introspection a alors commencé. Il m'était impossible de regarder l'avenir de la même façon. La découverte de ces trésors en moi me faisait prendre un virage important dans ma vie. Rien ne serait plus pareil dorénavant. J'en étais foncièrement convaincue. Je ne pouvais maintenant plus imaginer vivre au seul niveau de la raison. Le déploiement de mon cœur était maintenant irréversible. Plus rien ne pouvait le contenir ni même le faire taire comme par le passé. Ouvrant ainsi mon cœur, je ne m'aperçus pas immédiatement que le vide en moi commençait à se combler.

C'est donc dans cette lancée intuitive que je me suis abandonnée à mon cœur pour continuer ma formation. Chaque fois que je devais choisir un livre, une conférence, une formation, je me suis laissée guider par mon cœur. Différentes situations se sont présentées sur ma route pour me contraindre à développer le discernement afin de sélectionner seulement celles qui résonnaient avec ma propre vibration. Je me souviens, à titre d'exemple, d'avoir senti la nécessité d'assister à une conférence sur la méditation. Il n'y avait aucun doute dans mon esprit que je devais y être, mais en sortant de cette conférence, je me suis demandé réellement ce que j'étais allée faire là. Je ne porte aucun jugement sur les enseignements qui y étaient cependant offerts, mais ils ne correspondaient en rien à ma vérité intérieure. Aussi, j'ai passé le reste de la soirée à me demander pourquoi mon intuition m'avait conduite à cet endroit. Était-ce pour élargir ma conception de l'Univers? Je me suis endormie sur cette incompréhension, puis, au réveil, je savais que ces enseignements m'avaient été montrés non point pour me faire changer d'optique, mais beaucoup plus pour fixer mes propres assises.

Dans cette marée d'informations disponibles, il importait que je fasse des choix cohérents à ce que j'étais réellement. Ces choix ne diminuaient en rien la valeur des autres possibilités existantes, mais ils me permettaient de m'aligner avec mon tracé à parcourir. Personne d'autre que moi ne pouvais connaître ce chemin. Pour ne pas me perdre dans ces infinies possibilités, il me fallait comprendre que toutes les intuitions que j'avais étaient justes, mais le message qu'elles contenaient ne menait pas toujours à de nouvelles avenues. Certaines d'entre elles servaient aussi à concrétiser les apprentissages faits antérieurement.

Le langage du corps m'a bien aidée à m'y retrouver et à mieux cerner ce que je vivais. Aux termes d'une conférence, j'avais découvert le fonctionnement très basique des chakras qui m'étaient jusque-là très peu familiers. En effet, je ne m'en servais qu'au cours de mes méditations pour m'ancrer. Le jour suivant cette conférence, j'avais une boule d'anxiété au creux de l'estomac et j'ai été inspirée à faire l'exercice sur la libre circulation énergétique des chakras plus amplement expliqué à la fin de la présente section. Évidemment, il m'a fallu me concentrer très fort dans la région du plexus solaire où se logeait la boule d'anxiété, mais à ma grande surprise celle-ci a fondu comme neige au soleil.

Après cet exercice, je me sentais si bien! J'ai alors pris conscience que ma formation se continuait aussi bien par le biais des livres que par ces sources d'inspiration. De plus en plus, ma petite voix m'indiquait comment me servir de ces outils. Je réalisai qu'en fait, cet exercice était la suite logique de celui que m'avait enseigné, il y avait de ça plusieurs années, ce charmant physiothérapeute et acupuncteur.

Les arbres et la forêt avaient toujours eu une présence calmante et énergisante dans ma vie. Ma petite voix intérieure m'a donc conduite à allier l'exercice de la libre circulation énergétique des chakras à leur belle énergie. C'est en m'adossant à un arbre que j'ai réellement découvert son plein potentiel. Chaque fois que j'étais en perte d'énergie, je choisissais un bel arbre en santé et je centrais mon attention sur tous mes chakras. Miraculeusement, je retrouvais toute ma force, ma vitalité et surtout ma vérité.

Exercice
La libre circulation énergétique des chakras

Placez-vous debout ou adossé à un arbre, les pieds bien confortablement appuyés sur le sol. Déliez les genoux pour les laisser libres de toute tension et favoriser la circulation d'énergie. Prenez de quatre à six profondes inspirations en fixant votre attention sur les tensions qui existent en ce moment dans votre corps.

Portez ensuite l'attention sur le chakra de la base de manière à bien sentir ce centre d'énergie. Automatiquement, une sensation de fluidité ou de congestion se perçoit. Si vous ressentez la fluidité, passez au chakra suivant. Sinon, par un effort d'attention, visualisez ce centre énergétique se dégageant de toute oppression. Faites en sorte que ce blocage énergétique se libère en s'évacuant vers le centre d'énergie suivant. Lorsque vous sentez ce chakra totalement libre et fluide, passez au Hara. Répétez cette étape pour chacun des chakras en libérant toujours les tensions vers le haut. À la fin, sentez tous vos centres énergétiques en harmonie et en équilibre. Respirez profondément et contemplez votre état de bien-être intérieur.

Un deuxième accompagnement

J'apprenais au quotidien à être à l'écoute des messages de mon corps et des autres signes que la Vie mettait sur ma route. Je trouvais de plus en plus de bienfaits à la méditation et ce moment était devenu primordial pour moi non point pour les manifestations de l'au-delà que j'avais vécues, mais pour le simple bonheur d'être intimement en ma compagnie et de savourer la magnificence de la Vie.

Près d'un mois et demi après l'accompagnement de tante Madeleine, soit le 12 décembre 2000, je reçus à nouveau de la « grande visite » dans une méditation. Confortablement installée en ce beau samedi matin, je ne me doutais pas d'une surprise si grandiose. Au tout début, j'ai vu un corps dans un lit. D'où me venait donc cette image vague ? Comme par magie, l'image s'est précisée. Il s'agissait d'un lit d'hôpital dans une petite chambre terne. Mon attention était fixée sur ce corps et je me demandais qui pouvait bien être couché dans ce lit. Aussitôt, l'image de mon grand-père Adrien m'est apparue très nettement. Je le vis alors entouré de gens qui semblaient s'affairer autour de lui.

J'ai senti au cœur un appel à l'aide. Spontanément, je lui ai dit « Veux-tu que je traverse le tunnel avec toi ? » Et mon cœur s'est mis à battre à tout rompre. Et je lui ai offert ma main qu'il a prise sans aucune hésitation. C'était à nouveau reparti. Le tourbillon m'emportait avec autant de puissance que la première fois en compagnie de tante Madeleine. Nous avons traversé le tunnel et nous nous sommes retrouvés dans un endroit d'une blancheur inouïe, un blanc si intense et si pu!. Que c'était merveilleux d'être là et de sentir cette vibration intérieure ! Le temps s'est arrêté. Il n'y avait que cette luminosité indescriptible comme point de repère. Rien d'autre que l'amour et la paix dans toute leur splendeur.

Mon grand-père m'a regardée du plus profond de ses yeux bleu pâle et sans que ses lèvres ne bougent, il m'a dit dans son cœur « Je n'ai pas été un bon grand-père pour toi. Instantanément, mon cœur a répondu : « Ne pense pas ainsi. Tu m'as appris des tas de choses et ce sont ces apprentissages que je retiens de toi. » Les paroles glissaient d'un cœur à l'autre avec la rapidité de l'éclair et leur sens n'était limité par aucun mot. Tenter de les écrire c'est en restreindre la portée, un peu comme l'artiste qui désire tant imager la vision de son œuvre. Malgré la rapidité et la fluidité de la communication, nous avions toute l'aisance de la savourer pleinement, embrassés de lumière immaculée. Chacune des paroles était ressentie avec profondeur, sans jugement, sans peur. Tout était parfait et était ce qui devait être.

Ensuite, une scène d'Église est apparue. Je me voyais en avant d'un lutrin, lisant un texte préparé à l'attention de mon grand-père. À ce moment, il m'a dit qu'il voulait que je transmette un message à ses enfants. « Dis-leur que c'est pour leur apprendre une importante leçon personnelle, que j'ai choisi de jouer le père que j'étais. Chacun d'eux doit en tirer une leçon particulière. Ma vie a été difficile, mais je l'avais choisie ainsi pour les aider. Dis-leur aussi que je les aime et que c'est par amour que j'ai été un père si dur. » Je vibrais à ces mots tel un violon sous l'archet et je pouvais toucher à l'immensité de l'amour qu'il avait pour eux. J'en saisissais toutes les nuances et les sonorités. À cet instant, une partie de la mission de grand-papa sur Terre m'était contée : servir dans un rôle difficile pour aider ses enfants à accomplir leur propre mission. Quel privilège nous a t-il accordé en nous livrant ces précieuses informations !

Complètement exaltés par cette vague d'émotions, nous nous sommes étreints en nous disant que nous nous aimions. Chaque fois que je repense à cette étreinte, je bascule à nouveau dans cet état de béatitude. Au cœur de ce moment privilégié, j'ai pu reconnaître et redécouvrir ce qui m'attendait après cette vie. L'amour entre les âmes ne meurt jamais. J'en avais la plus puissante preuve. Il transcende le corps pour s'élever encore plus haut et plus profond. Le passé, le présent et l'avenir étaient dans ce moment où le temps perdait toute son importance. Voilà ce qu'était être éternel. Toutes ces vibrations d'amour me permettaient de redécouvrir ma vraie nature.

J'avais désormais la certitude d'avoir déjà goûté à cet état de bien-être et de paix avant de prendre ce corps. Dans cette légèreté et cette allégresse, je me souvenais en un vif éclair d'être une âme empreinte d'amour bénéficiant de brefs moments d'incarnation pour expérimenter les beautés et les défis de la matière. Ma vraie nature, c'était donc cela que je cherchais dans ma quête. Maintenant, j'étais remplie de joie, car j'avais brièvement trouvé ou plutôt retrouvé cet état d'amour profond...

Puis, grand-papa s'est dirigé tout doucement vers les quelques membres de sa famille céleste qui l'attendaient plus loin derrière. Leur présence discrète m'avait jusque là été invisible. Je le regardais marcher lentement vers ceux qui l'attendaient avec tant de joie. Avant de les rejoindre, il s'est adressé à moi une dernière fois en guise d'au-revoir pour me dire: «N'oublie pas de leur dire pourquoi j'ai agi comme cela avec eux. Tu leur diras, n'est-ce pas?» Je sentais toute sa bonté et sa grandeur dans ses yeux. J'ai promis et il est parti entouré d'amour et de joie tel un guerrier qui rentre au bercail après un long périple.

Submergée par ce contentement, j'ai entrepris le chemin du retour. Une autre image m'est alors apparue. Je voyais en surplomb la chambre d'hôpital de grand-papa. Il était encore dans son lit d'hôpital entouré des mêmes gens dont je ne pouvais distinguer l'identité. À ce moment, j'ai eu la certitude qu'il était mort et que je l'avais réellement accompagné jusqu'à la Lumière. La clarté de l'image s'est estompée. Le cœur plein de gratitude pour ce merveilleux moment, je suis restée plongée dans cette mer de riches émotions pendant un long moment. C'était comme si j'étais entre deux mondes, n'appartenant ni à l'un ni à l'autre. Ma tête était vide et je vivais uniquement pour ressentir ce grand amour encore contenu dans le moment présent.

La quête de sens

Doucement, j'ai repris contact avec mon corps et mes pensées. En ouvrant les yeux, je me suis mise à pleurer. Pleurer de joie, car un moment d'intensité semblable ne peut laisser personne indifférent. J'avais l'impression que toutes les parties de mon corps étaient surexcitées, tout comme lorsqu'on vient d'apprendre une nouvelle qui nous rend fou de joie. Je savourais cette expérience en commençant à me demander ce qui s'était réellement passé. Et les larmes de joie ont fait place à la peur, car pour une deuxième fois, on s'adressait à moi sans crier gare. Plus je reprenais mes esprits plus je devenais confuse. Paradoxal, non?

Ce qui m'embrouillait dans tout ça, c'était qu'aux dernières nouvelles, grand-papa était bel et bien vivant et relativement en santé. Il avait éprouvé de sérieux problèmes de santé quelques jours auparavant, mais de l'avis des médecins, la mort n'était pas encore au rendez-vous. Je ne savais que faire de tout ça. Avais-je vraiment été avisé de la mort imminente de mon grand-père? Si c'était le cas, cela devenait une prémonition. Était-il déjà mort ou allait-il mourir sous peu? La réponse hypothétique à chacune de ces questions m'effrayait, voire me faisait paniquer. Étant totalement inexpérimentée dans ce domaine, je remettais tout en question. Était-ce possible? Mon grand-père se portait pourtant bien. S'il n'était pas mort, pourquoi l'avais-je accompagné au-delà du tunnel? Était-ce possible de vivre un tel moment par prémonition? Pourquoi est-ce que ça m'arrivait? Pourquoi aujourd'hui? Allais-je recevoir un téléphone dans les prochaines heures m'annonçant son décès? S'il était encore en vie, que devais-je faire du message qu'il m'avait confié? Le bal du mental était reparti de plus belle.

Pourtant, cette fois il ne m'était plus possible de mettre en doute l'existence de cette communication. Mon être entier y avait participé et la moindre de mes petites cellules en portait encore la sensation. Mon corps a vibré intérieurement durant toute cette journée où mon grand-père est venu me parler. Je n'avais qu'à fermer les yeux pour replonger dans cet état d'allégresse. Mais l'affolement s'emparait de moi à l'idée de téléphoner à ma mère pour lui raconter cette expérience. Outre l'expérience de tante Madeleine à mon court actif, je n'avais jamais manifesté ouvertement un quelconque intérêt pour les communications avec l'au-delà. Je m'étais également bien gardé de raconter l'expérience de tante Madeleine, car je me sentais comme une extraterrestre débarquant de nulle part.

Bien que mes parents fussent ouverts à l'idée d'une vie après la mort, il m'était difficile d'imaginer leur réaction face au récit de ces événements. La peur d'être jugée et de me tromper me brûlait les entrailles. C'était insoutenable. Comment expliquer ce que je venais de vivre, sans avoir l'air de sortir des nuages ? Allaient-ils me prendre au sérieux ? Étant une fille plutôt terre à terre, je me voyais contrainte à un « léger » changement d'image. Je devenais soudain beaucoup trop « terre à ciel » à mon goût et j'en avais la trouille.

Après avoir tourné en rond une partie de l'avant-midi, j'ai téléphoné à mon amie Kristine pour lui raconter toute l'histoire. Je lui ai exprimé mes peurs. Son écoute et son aide furent d'un grand secours. Ses paroles m'ont permis de me calmer et m'ont fait réaliser la grandeur de la communication reçue. Puis, j'ai tout raconté à Paul, mon amour et mon grand soutien. Très surpris de l'expérience que je venais de vivre, il n'a cependant pas douté un seul instant de tout ce que je venais de lui raconter. Cela aussi m'a calmée et réconfortée pour mieux revenir au moment présent. Que Paul, qui était à l'époque très éloigné de tous ces phénomènes, accepte d'emblée cette expérience me donnait force et courage d'affronter le reste.

J'ai pu alors mieux décider ce que j'allais faire de cette communication. Avant d'annoncer en trombe toute l'histoire, j'ai décidé de m'enquérir de l'état de santé de grand-papa et à ma grande surprise, grand-papa était encore vivant et bien portant. J'étais totalement abasourdie. Si je ne pouvais remettre en question l'accompagnement de mon grand-papa jusqu'à la Lumière, il me fallait donc envisager la possibilité d'avoir eu une véritable prémonition. Que cette idée était difficile à accepter pour mon mental ! Je commençais à peine à me faire à l'idée que je puisse accompagner des âmes vers la Lumière, mais recevoir une demande d'assistance avant le décès de la personne relevait de l'inconcevable.

Comment pouvais-je expliquer cette expérience à ma mère alors que j'étais dans la plus grande confusion que je n'aie jamais vécu. Sur le coup, j'ai préféré ne rien lui dire et attendre la suite des événements. Une attente cauchemardesque a par le fait même débuté. Le doute de me tromper était omniprésent. J'avais une telle peur de tout raconter et une autre tout aussi grande, de me taire. Quel droit avais-je d'intervenir dans la vie de ma mère et de ses frères et sœur? Et mon silence aurait-il pour effet de leur nuire? Je ne savais plus que penser et surtout quelle décision prendre. Puis, après une journée épuisante d'émotions fortes, je me suis endormie avec toutes ces idées mélangées en tête. Au cours de la nuit, j'ai fait un rêve étrange que j'ai aussitôt raconté à mon conjoint au réveil le lendemain matin. Il m'a dit avec une telle évidence: «Mais Sylvie, ton grand-père t'a demandé de faire le message. Ton rêve t'indique aussi de le faire. Que veux-tu de plus?» Il avait raison, ce rêve dont j'ai oublié le contenu m'exposait clairement de livrer la marchandise. Je ne pouvais espérer que le tapis rouge soit déroulé en plus comme signal de départ. Il fallait que je parle, je l'avais promis et j'avais l'aval de mon grand-père par surcroît.

Je me suis donc jetée à l'eau récitant toute l'histoire à ma mère. C'était bien mal connaître ma mère que de penser qu'elle douterait de mes propos. Au contraire, elle les a pris très au sérieux et à son tour, elle a écrit le récit de cet événement et l'a expédié à ses frères et à sa sœur. Ainsi, tous les enfants de mon grand-père ont reçu le message d'amour de leur père. J'ai été fort étonnée, car aucun d'entre eux ne l'a totalement mis en doute. Je m'attendais à une certaine résistance, mais je crois qu'elle reflétait simplement ma propre résistance à reconnaître l'apprentissage d'un nouveau langage de communication. Il aurait été tout à fait téméraire de ma part de croire que tous étaient prêts à entendre l'intégralité de la communication, mais ma mission ne se situait pas à ce niveau. J'avais fait une promesse et mon rôle de messager était terminé. Je dois avouer qu'ici la Vie m'a donné un gros coup de pouce. J'avais même eu la tâche très facile par l'intermédiaire de ma mère.

Les jours suivants coulèrent doucement. Pratiquement chaque fois que la sonnerie du téléphone retentissait, je me demandais si mon grand-père avait amorcé son retour dans sa belle et grande Demeure. La période des Fêtes approchait et l'état de santé de grand-papa était toujours stable. Cela ne faisait qu'augmenter les doutes de la véracité de la communication que j'avais eue avec lui. Ma raison savait bien que je n'avais pu inventer un tel scénario, mais aucune preuve n'était là pour affirmer la moindre parcelle de vérité. Et l'hypothèse d'une prémonition m'apparaissait de plus en plus improbable. Je ne pouvais qualifier l'expérience que j'avais vécue, mais mon mental lui, était ravi de la ranger du côté des simulations.

La confirmation tant attendue

J'ai visité grand-papa le 26 décembre 2000. Il se portait relativement bien, malgré une grande difficulté à avaler. Avant de le quitter, je lui ai rappelé, en murmurant à son oreille, que s'il avait besoin d'aide pour franchir le tunnel, il pourrait toujours compter sur moi. Son corps trahissait l'incompréhension de mes paroles, mais ses yeux pleins de gratitude m'ont fait chaud au cœur. Un fort sentiment m'a alors envahie. Je savais que c'était la dernière fois que je lui rendais visite dans l'ici-bas.

Le 28 décembre, je ne me sentais pas en très grande forme. Mon cœur palpitait comme lors d'une grande fatigue. Après le dîner, je suis allée me coucher et j'ai dormi jusqu'à dix-sept heures où je me suis réveillée en sursaut. Je sentais la présence de mon grand-père et dans mon cœur j'ai dit : « Grand-papa, c'est toi ? Tu as besoin d'aide ? » J'ai encore une fois senti mon cœur battre très fort. Je l'ai accompagné en parcourant de nouveau le trajet que j'avais fait avec lui dans la méditation du 12 décembre. Je suis demeurée plusieurs minutes dans un état de grâce en sentant puissamment la présence de grand-papa. Bercée par ces douces émotions, je ne savais plus exactement quoi en penser.

À vingt-deux heures, ma mère a téléphoné pour me dire que mon grand-père était décédé à dix-sept heures cinq. Étonnant, n'est-ce pas ? Elle m'a raconté qu'au moment de son décès, ses trois frères et elle étaient rassemblés autour du lit en compagnie de leur conjoint. Ils ont prié et chacun d'eux, ayant reçu le message de grand-papa, lui ont tour à tour, livré un message d'amour et de pardon. Sur ces paroles, mon cœur a fait trois tours. Stupéfiée, la vision du 12 décembre me revint en mémoire, où grand-papa était entouré de gens qui semblaient s'affairer. Sa mort m'avait bel et bien été annoncée dans un but bien précis : celui d'être messagère pour amorcer un processus de pardon. J'en étais sidérée. Quel magnifique cadeau nous avions tous reçu de grand-papa et dont je mesurais à peine l'ampleur à ce moment ! J'étais remplie de gratitude. Ce tout petit rôle de messager prenait maintenant tout son sens.

Tous mes doutes et mes peurs me semblaient désormais futiles. Je venais d'avoir la confirmation que mon ressenti avait été juste. Et encore une fois, mon mental avait réussi à faire taire cette merveilleuse voix en moi. Je savais cependant que cette expérience me servirait de référence, car les vibrations ressenties en présence de grand-papa dans l'au-delà seraient à jamais gravées dans ma mémoire corporelle. J'y retourne d'ailleurs très souvent m'abreuver de cet amour indescriptible.

Aussi bizarre que cela puisse paraître, après l'appel de ma mère m'annonçant la mort de mon grand-père, je me suis laissée bercer par le flot d'exaltation qui montait en moi. Je sentais vraiment la félicité de mon âme, la joie profonde et sincère d'avoir participé à un dessein plus grand. Telle une plume virevoltant, je me sentais si légère, si perméable au bonheur du moment présent. Il m'était impossible d'éprouver du chagrin ou des regrets à l'égard du départ terrestre de mon grand-père. Il y aurait certes des retrouvailles en d'autres lieux et, en attendant, c'était l'amour apporté par l'âme de grand-papa qui m'habitait.

Le sens de la mort

J'ai vécu les cérémonies funéraires en communion avec mon grand-père. Je sentais sa présence et l'amour qu'il voulait transmettre à ses proches. Les funérailles ont été un moment de rapprochement entre les membres de la famille. L'énergie de grand-papa nous liait les uns aux autres. La plupart des gens qui ont assisté à ses funérailles ont senti quelque chose de différent : la joie et l'amour étaient au rendez-vous. Les larmes versées n'avaient pas l'odeur de la tristesse, mais un doux parfum d'au revoir.

La mort s'était montrée plutôt discrète auprès des membres de mon entourage et je n'avais pas eu beaucoup de deuils à vivre. Toute cette aventure avec grand-papa m'a révélé une autre façon de « vivre » le départ d'un être cher. Par la façon traditionnelle, j'avais surtout senti la notion de perte, d'abandon et de peine profonde. Maintenant, j'avais vécu le retour d'un être cher à sa vraie nature et je célébrais ces grandes retrouvailles, sachant que je n'avais rien perdu de ma relation avec grand-papa. Au contraire, je venais de découvrir que le véritable lien qui nous unissait ne pourrait jamais être dissout. Les anciennes sensations de vide se transformaient en sentiment de plénitude. Grand-papa avait été, était encore et serait toujours parmi nous dans notre cœur, ce lieu qui nous relie tous les uns aux autres. Et pour y accéder, il ne suffisait que de s'y retrouver.

Tous ces moments magiques n'auraient pu être vécus sans la belle participation de Clément, un ami de la famille qui est aumônier de l'hôpital où était soigné grand-papa. Ce fut une véritable bénédiction qu'il nous accompagne et qu'il nous guide dans la cérémonie du pardon avec un tel degré d'ouverture et d'amour. Grâce à lui, la communion entre les individus s'est véritablement installée. Comme quoi l'amour peut tout unir, sans discrimination. L'amour est sans couleur, sans odeur, sans religion et sans visage. Il est à la fois la toile de fond qui unit tous et chacun des éléments séparés. Et en son nom, la magie de la Vie s'opère même dans la mort. Cette dernière prend alors, non pas la tournure d'une fin tragique, mais celle d'une continuité de la vie de notre âme qui poursuit son évolution.

Cette synergie nous a élevés pour mieux faire vivre le passage de grand-papa dans l'au-delà avec espoir. Porté par la douce musique de l'orgue, nos messages d'amour et d'espoir lui ont permis, j'en suis certaine, de prendre définitivement son envol. Du même coup, cet amour décuplé nous revenait pour combler le vide laissé par l'absence de grand-papa. Ce passage vers la Lumière, nous l'avons tous ressenti cet après-midi du 30 décembre 2000.

Ma compréhension

L'allégresse de ces moments est demeurée en moi plusieurs jours après le décès de grand-papa. Je sentais bien sa présence et j'ai eu une merveilleuse conversation avec lui quelque temps après les obsèques. Plusieurs questions demeuraient sans réponse et mon grand-père a eu la générosité de m'aider à y voir clair. Je n'avais jamais été liée profondément à mon grand-père de son vivant. Toutefois, par ces moments, j'ai compris qu'il y avait entre nous un attachement plus profond que les apparences ne pouvaient le laisser croire. Être étreinte par l'âme de mon grand-père fut la marque d'amour la plus intense que j'ai reçue dans toute ma vie, terrestre évidemment ! À ce moment, j'ai ressenti l'ampleur de notre relation. J'ai compris que, sous la distance qui nous séparait, se cachait non seulement une importante leçon destinée à me faire grandir, mais aussi un amour plus grand qui existait bien avant ma naissance et qui se poursuivra encore bien longtemps après ma vie terrestre.

Grand-papa venait de m'apprendre que l'Amour avec un grand « A » était toujours là pour servir chacune de nos vies. Peu importe le rôle que tenait l'interlocuteur en face de nous, son dessein était toujours de servir l'amour. Ainsi, toutes les souffrances et les blessures avaient au fond d'elles-mêmes sa délicieuse essence ainsi que toutes ses subtiles couleurs. Elles trouvaient leur signification dans un espace beaucoup plus vaste que ce monde dans lequel nous vivons, dans ce lieu d'une pureté blanche trop grand pour être contenu dans notre humanité. Et ce n'était là qu'une bien petite parcelle qui m'avait été montrée. Même si petit, ce morceau débutait enfin la forme de mon casse-tête d'entendement personnel. Cependant, il restait encore bien des pièces à placer, car je n'en étais encore qu'aux premiers balbutiements de compréhension de la leçon contenue dans cette belle et grande aventure...

Chapitre 4

Des outils pour continuer

> *La foi est ce qui nous relie directement à la sagesse universelle.*
> *Elle nous rappelle que nous en savons plus que ce que nous avons entendu, lu ou appris, qu'il nous suffit de regarder, d'écouter et de nous fier à l'amour et la sagesse de l'Esprit Universel qui est à l'œuvre en chacun de nous.*
>
> Dan Millman,
> *Les Lois spirituelles de L'Esprit*

L'apprentissage de la foi

En ressassant mes récents souvenirs, j'en arrivai à la conclusion que l'expérience avec tante Madeleine était une étape préparatoire pour le beau et grand cadeau que mon grand-père avait à m'offrir. J'avais pu y redécouvrir mon essence et il me fallait maintenant apprendre à intégrer cette essence dans mon quotidien. Cela était un contrat bien suffisant pour les prochaines années. Toutefois, j'ai vite réalisé que l'Univers a des visées beaucoup plus larges que les miennes.

L'exaltation d'avoir encore tout à découvrir m'habitait, un peu comme le voyageur qui foule le sol d'une nouvelle contrée. Et ce qui m'importait était d'apprendre sans me perdre dans ces dédales de connaissances. Ainsi, je me ramenais sans cesse à l'ordre pour garder les pieds sur terre. Il m'était vraiment facile, je dirais même plus, tentant, d'oublier le quotidien pour me laisser charmer par les plaisirs que procurent toutes les expériences du monde de l'invisible. En effet, elles me rappelaient tellement le manque en moi qui m'avait tant fait souffrir. Il me fallait donc apprendre à retrouver sur Terre cet état de plénitude ressenti de l'autre côté du tunnel d'incarnation. Mais comment?

J'avais certes un temps d'arrêt, un recueillement à mes horaires quotidiens, mais pour me permettre d'expérimenter et d'intégrer toutes ces nouvelles connaissances, il me fallait maintenant faire ce que je n'avais encore jamais vraiment fait: m'aimer pour ce que j'étais. Il m'était en effet impossible de prétendre comprendre le sens véritable de l'Amour et tous ses mystères si je ne pouvais commencer d'abord par ressentir pour moi toute cette gamme d'émotions qu'était l'amour. M'offrir ce cadeau, c'était commencer à fouler le sol qui mène à mon âme. C'était me rapprocher de mon propre Être tout entier. Il y avait une telle urgence en moi d'y parvenir.

À corps perdu... à corps retrouvé

Une forte clameur montait souvent en moi. Mon corps et mon cœur recommandaient à cor et à cri le repos. Difficile d'arrêter le mouvement presque impulsif de « faire » pour s'abandonner à « être » tout simplement. Mon système de valeurs personnelles avait encore comme mode d'évaluation la somme de travail accomplie dans une journée. Alors, les verbes reposer, se détendre, relaxer, flâner, ne trouvaient pas beaucoup de place pour être conjugués dans ma routine quotidienne. Je me lançais sans cesse à corps perdu dans les tâches à accomplir et j'exigeais bien plus de moi que des autres, entraînant ce corps dans une course folle pour me dépasser sans cesse. Mais dépasser qui et quoi au juste? Je voulais m'améliorer, mais j'oubliais l'essentiel : être meilleur ce n'est pas faire plus, c'est faire mieux. Et faire mieux, c'est être attentif à ce que l'on fait pour en savourer et en apprécier chaque moment. Ouf! quel programme! Par où commencer?

Mon corps m'a vite donné la réponse. Il réclamait cette pause depuis si longtemps. À bout de souffle, mes petits poumons ont hurlé, avec l'arrivée d'une pneumonie : « C'est assez! Ça suffit! Arrêtez la machine! ». Que me fallait-il de plus pour comprendre à quel point j'étais inconsciente du merveilleux outil de réalisation qu'était mon corps. Il m'avait été donné, l'instant d'une vie, dans le but de m'aider à apprendre, à grandir et voilà que je ne m'y étais jamais arrêtée. Je ne l'avais jamais cajolé, bercé, pomponné, dorloté. Je ne l'avais jamais vraiment aimé par peur de tomber dans le narcissisme, probablement. Quelle révélation cette période de repos forcée m'apportait! J'avais toujours traité mon enveloppe physique comme un dû et non comme un précieux présent. Je pourrais même dire que ce corps-esclave en a enduré des coups de fouet, des charges de travail trop lourdes, des émotions refoulées, des stress inutiles et, par-dessus tout, des tonnes de « cochonneries » ingurgitées. Que je l'avais négligé ce corps terrestre qui permettait à mon âme de s'accomplir !

Un nouvel amour était né de ce temps d'arrêt. Ce si merveilleux corps physique, et rassurez-vous, ces éloges ne servent pas à nourrir mon ego, mais à rendre grâce à celui par qui j'avais l'immense privilège d'être et d'exister sur le plan terrestre.

Mon corps serait désormais mon allié et mon ami. En plus de la routine méditative, j'ai donc intégré un régime alimentaire plus près de la nature ainsi que des périodes d'exercices et des moments de communion avec la nature. Ces nouvelles habitudes me procuraient bien-être et force et me permettaient de voir la Vie sous un autre angle. Mon corps n'était plus une limite, mais un atout. La pneumonie, aussi drôle que cela puisse paraître, avait été une véritable bénédiction. J'en prenais conscience, mais je ne pouvais encore mesurer sa véritable portée à ce moment-là.

Encore un accident

Comme la Vie est majestueuse en mettant à la croisée des chemins des aventures qui nous font avancer, comprendre et donner un sens à notre parcours! Mais ce qui m'étonnera toujours, c'est la façon si particulière avec laquelle elle tricote les événements pour s'assurer qu'aucune maille ne soit échappée. Ainsi, elle m'avait offert la vision d'une pièce brisée sur ma voiture pour que j'apprenne à me faire confiance et surtout pour que j'accepte de sauter dans le vide lorsque que mon cœur m'y poussait. Il me fallait faire taire mon ego beaucoup trop bavard et craintif. Cette fois, je n'avais pas passé avec brio le test de la voiture accidentée.

Deux mois après l'avoir fait réparer, j'eus un autre accident avec la même voiture. Cette fois, ce fut beaucoup plus intense en émotions. C'était une rude soirée d'hiver et il ne faisait pas très beau. La chaussée était glacée par un vent mordant. Ayant l'habitude de conduire plutôt rapidement, j'avais la nette sensation qu'il fallait que je prenne mon temps. Plus j'avançais sur cette autoroute glacée, plus j'entendais dire dans tout mon corps: «Ralentis!» Fort heureusement, cette fois, j'ai écouté cette voix, bien que de nombreuses voitures me dépassaient. Je flairais le danger, comme un félin sent sa proie longtemps d'avance. Et comme j'ai la tête dure de «comprenure», je crois qu'on a mis le paquet en haut pour que j'entende bien le message.

Avec le recul, je trouve cette situation très ironique. Deux mois plus tôt, j'avais vu des images nettes d'une pièce brisée sous la voiture, mais j'ai perdu la maîtrise de ma vision en me laissant submerger par mes doutes et les commentaires extérieurs. De ce fait, la Vie me le faisait comprendre par la perte de contrôle de mon véhicule par ce soir de tempête hivernale. À ce moment, je ne savais pas du tout ce qui se passait, car l'auto s'est mise à tournoyer sans même que je n'aie touché aux freins. Tentant de la ramener sur la route, je priais pour ne pas être emboutie par une autre voiture au passage. J'ai eu la sensation de faire quelques tours et enfin, la voiture s'est immobilisée contre un banc de neige molle. Je n'avais aucune idée où j'étais, la voiture étant ensevelie de neige.

Les jambes en guenilles et le cœur palpitant, je me suis glissée dehors pour constater que j'avais fait un tête-à-queue. Miraculeusement, il n'y avait plus aucune voiture en vue, comme si un agent de circulation invisible avait bloqué tout accès à la route pendant ce temps. Je pris plusieurs bonnes respirations pour retrouver mes esprits et dès que j'y fus arrivée, le flot de voitures s'est remis à circuler. Quelle synchronicité ! Les dommages ne me semblaient pas importants, alors j'ai repris le volant pour me rendre au garage le plus près. Toutefois, il m'était très difficile de conduire. La voiture ne répondait plus beaucoup à mon commandement. Je ne pouvais me rendre bien loin ainsi, alors je me suis arrêtée à la première station libre-service en vue.

La leçon de confiance non intégrée

Le lendemain matin, le garagiste a informé mon conjoint qu'une pièce s'était rompue sous la voiture et que c'était probablement ce qui avait causé l'accident. Il lui a dit que l'accident aurait pu être fatal à une plus grande vitesse. En fait, la pièce défectueuse était un bras de suspension d'une roue. La description de cette pièce correspondait en tout point à l'image de ma vision. Quel choc ! On m'avait véritablement prévenue et je n'avais pas écouté. J'en étais totalement abasourdie. Des larmes de joie et de gratitude sont spontanément montées. J'avais envie de crier haut et fort « Merci » à l'Univers. Merci d'être encore là intacte, merci pour toute cette grande mise en scène que la Vie avait orchestrée pour me faire réaliser que les images reçues n'avaient rien d'une fiction ou d'une envolée de mon imaginaire. Elles étaient réelles et je n'avais pas su les décoder ni même m'y fier. Toute cette épopée avait eu pour but de m'apprendre à reconnaître ce pouvoir en moi, cette faculté de recevoir des messages, mais surtout à bâtir la confiance en moi et en la force de l'Univers. Ces outils, je le sais maintenant, m'étaient nécessaires pour continuer ma route. La Vie était décidément une enseignante fort douée et ingénieuse avec tout ce qu'elle venait de m'apprendre.

Surprise ! De la visite !

Les communications avec l'au-delà s'étaient tues depuis l'accompagnement de grand-papa. Tout était parfait ainsi, car cet épisode de ma vie s'expliquait en lui-même comme on porte secours à un passant sur la route. J'avais découvert de nouvelles possibilités, sans plus. Ce fut donc avec grand étonnement que j'ai accueilli un autre visiteur. J'étais confortablement installée près de la porte-fenêtre à me réénergiser des doux rayons du soleil de février. Le bleu azur tranchait sur l'épais manteau blanc pur qu'avait laissé la plus récente chute de neige. Véritable moment de grâce que de savourer ce magnifique paysage paisible et relaxant. Éblouie du contraste, je fermai les yeux un moment.

Des images claires aussi pures que la blancheur de la neige m'apparurent. Sous mes yeux, je voyais défiler la vie d'un membre éloigné de ma famille dont je préfère taire la véritable identité, car il n'a jamais été informé de cette vision. Alors, histoire de simplifier le récit appelons cette personne Mélanie. Le film qu'il m'avait été donné de visionner s'est déroulé du présent en remontant jusqu'à la tendre enfance de Mélanie avec une précision sans précédent. Puisque je ne la connaissais que très peu, je m'étonnais de découvrir un portrait aussi précis.

La projection terminée, j'ai repris contact avec mon environnement dans un émerveillement complet. Ayant l'imagination très fertile, je savais cependant que je ne pouvais aller jusqu'à m'inventer les scénarios de vie de cette personne, tout bonnement, sans même avoir pensé à cette personne depuis des lustres. Aux dernières nouvelles, elle était encore de ce monde. Mais pourquoi donc avais-je eu le privilège de voir ces images qui me faisaient tant penser à ma première vision où j'avais seulement vu les images du décès de tante Madeleine ? Je ne doutais pas un instant que j'en aurais très bientôt la réponse.

Quelques jours plus tard, au cours d'une méditation, j'ai reçu avec joie la visite de Mélanie. Son visage m'est apparu distinctement et je lui ai demandé si elle désirait de l'aide pour franchir le tunnel. Elle a acquiescé et sans tarder, je lui ai tendu la main. Pouf! Le tourbillon d'énergie nous a propulsées par-delà ce long corridor sombre. Je ne sais si c'était le métier qui entrait, mais cette ascension m'a paru beaucoup plus rapide que les précédentes.

À l'entrée du tunnel, j'allais lui dire au revoir lorsqu'une forte impulsion m'a poussée à lui dire: «Mélanie, tu peux y aller si tu veux, mais tu devrais d'abord régler le conflit familial qui te tiraille avant de t'y rendre. Si tu ne le fais pas, tu devras revenir et vivre à nouveau ces tourments. T'en aller maintenant ne te rendra pas service. Tu ne pourras avancer aussi rapidement que tu le désires si tu ne transcendes pas cette situation. Résoudre cette discorde et pardonner te permettra de mieux vivre ce passage et d'être en harmonie de l'autre côté. À toi de choisir.»

Toutes ces paroles sans mots coulaient en moi sans que je n'aie à les penser avec ma tête. Elles venaient d'au-delà de ma raison sans aucun jugement ni ordonnance. Un amour profond les transportait jusqu'à Mélanie. Je m'abandonnais à cette énergie bien plus grande que moi pour servir de canal. Tel un ami de l'éternité, j'étais là pour lui suggérer un meilleur chemin. Elle avait le choix et elle connaissait les conséquences des choix qui s'offraient à elle. En réglant la situation, elle s'assurait d'un avenir meilleur, mais en négligeant de le faire, elle aurait à revenir sur Terre pour le régler. Je lui ai ensuite dit que je l'aimais beaucoup et que je serais toujours là pour l'aider quoi qu'elle choisisse de faire. Elle a longuement regardé le tunnel, mais elle a choisi de redescendre avec moi. Au retour, elle avait disparu.

Une mission fort différente

Prenant le temps de me recentrer, j'ai repassé les événements dans ma tête. Je n'avais absolument aucune explication rationnelle pour me convaincre que j'avais fait un bon boulot. Non, mais pour qui est-ce que je me prenais pour dire à quelqu'un qu'il n'était pas prêt à passer à la Lumière? Je me sentais pas mal prétentieuse. Les expériences me montaient-elles déjà à la tête? Aller dire une chose pareille à une personne plus âgée que moi, c'était de la démence ou, à tout le moins, de la pure suffisance. Je n'osais même pas raconter cette nouvelle aventure, car je me sentais ridicule, même si le besoin d'en parler se faisait pressant.

Une fois de plus, les questions se bousculaient dans ma tête. Cette fois, c'était le sens de cette communication qui me troublait et non son existence. Que faire de cette communication? Avais-je un plus grand rôle à y jouer que celui de l'avoir accompagnée de l'autre côté? Devais-je intervenir auprès d'elle pour lui livrer le message? Ou devais-je la contacter pour lui faire prendre conscience de l'importance de partir l'esprit en paix. D'un autre côté, je me sentais bien mal d'intervenir dans sa vie. Qui étais-je pour m'improviser comme ça et lui dicter sa voie? En intervenant, j'avais peur de changer le cours de sa vie. En m'abstenant, j'avais peur de ne pas faire ce qu'il fallait. Oh! Non! Voilà que les doutes et les indécisions revenaient au grand galop! Sauve qui peut! Fermez les écoutilles... À ce moment, j'aurais voulu n'avoir jamais ouvert ce canal.

Je tergiversai encore un bon moment avec les options de me taire ou de parler sans trouver le bon choix. Je n'arrivais plus à entendre ce que mon cœur me disait, le vacarme dans ma tête était trop fort. Puis, comme par hasard, si je puis dire ainsi, j'ai reçu un appel de Francine, mon amie avec qui je travaillais une fois par mois. Je sentais que ses connaissances et son expérience dans le domaine de la médiumnité pourraient m'être d'un grand secours. Elle m'aiderait sûrement à comprendre ce qui m'était demandé. Je lui exposai en détail le récit des trois communications à mon actif. Elle était très émue et heureuse de voir l'amour qui habitait ces expériences. Elle ne comprenait pas ma confusion pour la dernière communication.

Elle m'a dit: « Tout a été dit. Tu as fait ce que tu avais à faire. Ton cœur t'a dicté un message que ta raison ne peut comprendre. Laisse aller. Pour l'avenir, c'est toujours ton cœur qui te dictera s'il y a une démarche à faire sur le plan terrestre. Ne cherche pas la réponse ailleurs, elle est dans ton cœur. Cesse de t'acharner à vouloir faire quelque chose. Ce qui se passe sur le plan astral a des répercussions au niveau terrestre[1]. Tu n'as pas toujours à poser une action concrète pour que ton travail soit bien exécuté. Apprends à faire confiance à ton ressenti ».

Les mots que j'avais tant besoin d'entendre venaient d'être murmurés doucement à mon oreille telle une berceuse si réconfortante. Que de gratitude envers Francine pour cet accueil si chaleureux! Mon cœur a conservé précieusement ces mots au passage pour les rejouer comme un refrain qui ne cesse de tourner. Mon mental, lui, quelque peu réconforté, se tut, du moins pour un moment. Je serai toujours reconnaissante envers Francine, car elle m'a permis de mieux situer ce nouveau rôle élargi d'accompagnant qui venait de m'être attribué par l'Univers.

Partager ces expériences

Au cours de cette conversation, elle m'a aussi suggéré de mettre ces expériences par écrit, car elle était persuadée que ce livre aiderait beaucoup de personnes qui vivent ces phénomènes dans la peur. En pensant que ma vocation de « passeur[2] » était terminé, j'avais sous-estimé les plans divins. Il me fallait reconnaître que je venais plutôt de commencer une longue formation où j'étais à la fois maître et élève. Toutefois, l'idée d'écrire, bien qu'elle ne me laissait pas indifférente, ne me ravissait pas au point de me faire passer à l'action. Je n'avais pas suffisamment d'expérience à consigner pour en faire un volume, mais probablement un chapitre tout au plus. Alors, il valait mieux mettre cette suggestion en veilleuse.

---

1. Pour compléter, j'aimerais citer un extrait du livre de Francine Ouellet *De l'amour humain à l'amour divin* qui conclut bien le message qu'elle voulait me transmettre ce jour-là. « Il ne faut pas interpréter les vérités célestes sous l'influence de ta réalité humaine. Tu perds ainsi la beauté qu'elles t'ont apportée. »
2. Passeurs : famille d'âmes qui ont pour rôle, dans l'au-delà, d'aider les âmes dans le passage des différents sas vibratoires qu'elles ont à traverser, et sur la Terre, d'assister les humains dans les différents passages de leur vie : enfance-adolescence, changement d'emploi, la mort, etc. (Définition tirée du livre *Les familles d'Âmes* de Marie-Lise Labonté).

Une formation sur mesure

Classant l'idée d'un livre dans un des tiroirs de ma chère mémoire, j'entamai une formation à l'école de la vie et de la mort qui m'amena à être de plus en plus à l'écoute, non seulement de ce qui se passait en moi, mais également de la compréhension du phénomène d'accompagnement que je vivais. L'élève en moi avait encore beaucoup à apprendre. Ma nature insécure et perfectionniste trouvait peu de résonnance dans ces manifestations intangibles. Sans preuve flagrante qui me sautait aux yeux, j'avais encore peine à croire à mes capacités de médium qui devenaient de plus en plus manifestes. Voilà que mon petit côté juriste s'insurgeait ! Jusque-là, j'avais toujours jugé du bien-fondé des faits avec le mental, comme mon ancienne profession me l'avait si bien inculqué, en me référant, comme critères de base, aux lois, à mon propre code de morale et de valeurs ou aux normes sociales établies. Ici, toute cette logique ne m'était plus d'aucun secours.

Pour pouvoir accomplir le travail que l'Univers attendait de moi, il me fallait apprendre désormais à cesser de juger pour plutôt sentir les événements par la vision du cœur afin de mieux en saisir le sens profond. Tout un contrat ! Et comme toujours, la Vie, dans sa grande générosité, a tout orchestré pour mettre à ma disposition une formation en médiumnité donnée par mon amie Francine. Ce merveilleux cadeau emballant m'a permis de déballer et de me révéler ce don que j'avais tant de difficulté à reconnaître. Oui, la médiumnité s'opérait et s'activait en moi depuis un certain temps d'une manière bien plus vaste que les accompagnements.

Avant la formation, plusieurs textes m'avaient été doucement insufflés à l'oreille pour faciliter mon travail de chroniqueuse et nombre d'idées m'avaient assaillie au moment opportun pour solutionner un défi qui se posait. Je reconnaissais maintenant cette forme d'aide et je la bénissais, mais j'étais loin de me douter qu'elle appartenait au domaine de la médiumnité. Je préférais l'associer à l'inspiration, cela m'était plus commode et moins confrontant. La formation en médiumnité a mis tous ces événements en perspective.

Ouf! que d'émotions! J'avais bel et bien expérimenté des phénomènes de communications télépathiques et de transes au cours de mes méditations en plus des communications avec les personnes décédées. Cela m'était maintenant confirmé. Voilà que j'étais un médium avec un diplôme à l'appui pour venir faire taire mes doutes à ce sujet une fois pour toutes.

Ce que la vie me réserve

Cela provoquait en moi tout plein de papillons. Ces chatouillements internes étaient un mélange d'anxiété et d'excitation. La vie me réservait décidément de bien drôles de surprises. J'aurais ri aux larmes, il y a quelques années, si l'on m'avait dit que j'étais médium, tellement la chose m'aurait semblé farfelue. Mais à la fin de cette formation, c'était plutôt des larmes de gratitude qui fusaient de mes yeux rieurs. Encore perplexe face à cet avenir qui m'apparaissait alors si vaste, je n'avais qu'une certitude profonde : la Vie me guiderait là où je devais aller.

Je ne savais pas comment l'histoire se terminerait ni ce que contiendraient les prochains chapitres de mon parcours, mais la petite semence de livre plantée plusieurs mois auparavant avait commencé à germer. Elle me pointait une nouvelle direction pour suivre cet itinéraire que j'avais choisi en d'autres lieux avant de m'incarner. Ma plume ne pouvait pas encore gratter le papier faute de mots colorés, mais l'inspiration faisait naître doucement des idées dans mon cœur, donnant ainsi forme à ce petit bout d'histoire en développement. La procréation était débutée, la gestation, elle, prendrait le temps nécessaire pour rendre à terme une partie de moi bien vivante.

# DEUXIÈME PARTIE :

LES ENSEIGNEMENTS TIRÉS DES EXPÉRIENCES

Toute cette longue préparation avait tracé un chemin qu'il me tardait maintenant d'emprunter. Le désir de partager les expériences d'accompagnement que j'avais vécues jusque-là se faisait pressant. La soif de connaissance et de compréhension du sujet me poussait à boire les mots de plusieurs auteurs sur le sujet pour trouver réponses à mes questions. Il m'importait de découvrir pourquoi ces âmes avaient besoin d'aide. Elles étaient pourtant entourées d'Êtres Lumineux qui les attendaient si patiemment; alors pourquoi s'en référer à nous? C'est en examinant mes différentes expériences d'accompagnement et en faisant des liens entre elles que j'ai trouvé les réponses à mon questionnement. J'ai choisi de raconter dans les prochains chapitres quelques-unes des interventions que j'ai eu à faire pour démontrer comment, d'ici, nous pouvons être utiles dans l'ascension des êtres chers qui nous quittent et aussi pourquoi ils ont besoin de nous parler, de nous réconforter et de sentir notre amour.

Évidemment, ces observations sont miennes et n'apportent qu'un faible éclairage sur le sujet. Cependant, je souhaite qu'elles puissent allumer en vous le flambeau de l'intérêt pour mener votre propre recherche de vérité et d'absolu. Elles demeurent mon point de départ personnel et ne sont aucunement une destination finale. Je me suis laissé guider par mon cœur qui désirait ardemment transmettre ces connaissances pour que tout le processus du passage vers la Lumière soit facilité autant pour l'être qui quitte que pour ceux qui restent. L'amour possède des vertus magiques et sert de meilleur allié auprès de ceux qui nous quittent pour rejoindre leur famille de l'au-delà. Il sert de baume contre la douleur et la souffrance. Il nous donne toutes les ressources pour participer à l'accompagnement jusqu'à la fin, ouvrant le chemin vers l'infini.

La fin est cependant loin d'être la mort physique, car l'âme survit et a toujours besoin de cet amour pour poursuivre son envolée.

Les quelques expériences que j'ai vécues m'amènent à la conclusion qu'arrêter notre accompagnement avec le dernier battement du cœur, c'est comme laisser un ami, un amoureux ou un parent seul à la gare sans attendre pour voir s'il a réellement pu monter à bord. Esseulé, ce voyageur entreprend son long périple avec le cœur lourd de larmes en attendant que ses hôtes viennent l'accueillir à destination. Pourtant, c'est justement dans le dernier signe de la main, dans le dernier regard plein d'amour ou dans le dernier sourire de reconnaissance que la grande finale se joue. S'en aller avant nous coupe de précieux moments, voire du momentum le plus fort amenant une compréhension plus profonde du départ de cet être.

Nous ne sommes pas tous des membres de la famille des passeurs et nous n'avons donc pas tous le même rôle à jouer ici-bas. Mais, inévitablement, la mort frappera à nos portes pour emmener avec elle une personne que nous avons aimée et chérie. Et ce jour-là, nous ne voudrons rien manquer des derniers instants. Nous voudrons simplement être là, le cœur ouvert pour exprimer toute notre affection, notre tendresse. Voilà pourquoi il m'importait tant de partager ces merveilleux moments d'amour qui m'ont été offerts, non point comme recette miraculeuse, mais beaucoup plus comme incitatif à continuer un peu plus loin le grand travail d'accompagnement qui se fait sur Terre.

Le plus grand miracle réside dans l'amour. Et ce sont nos puissantes pensées d'amour qui nous permettent de tenir jusqu'au bout la main de celui qui part. C'est en imaginant son envol vers la Lumière et en lui souhaitant sincèrement sa réalisation que nous terminerons véritablement notre mission d'amour. Nous avons tous un réel besoin de ne pas être seul à la gare.

Chapitre 5

L'amour élève l'âme

> *Il est primordial que les gens survivant à l'âme décédée ne la retiennent pas par leur douleur affective. Cela exige une très grande force intérieure et une grande maturité émotionnelle. Mais, je te le répète, c'est essentiel pour permettre à l'âme de poursuivre son chemin sans être reliée constamment à la Terre.*
>
> Marie Bolduc,
> *La survie de l'âme.*

Destination « Lumière »

– Que fait-on quand on est mort ?

– Mais, on retourne à la Lumière, à notre véritable maison.

– Et comment fait-on pour y aller ?

Fichue de bonne question que plusieurs personnes, médiums, penseurs, philosophes, théologiens arrivent à expliquer selon leur expérimentation sans toutefois pouvoir fournir aucune preuve scientifique qui permettrait de confondre à jamais tous les sceptiques refusant obstinément de croire en cette possibilité. Je ne désire pas ouvrir ici un débat, car pour moi, la vie après la mort n'est pas une réalité à prouver, mais une certitude à se remémorer dans cette dimension. Notre âme se rappelle le chemin pour se rendre chez elle, tout comme nous n'oublions jamais celui qui mène à la maison familiale.

Toutefois, les cycles des naissances et des morts que constituent les incarnations de chaque âme offrent un bagage impressionnant de connaissances et d'expériences après seulement quelques vies ici-bas. Alors, en s'incarnant, l'âme a besoin de mettre de côté tout ce qui concerne son passé, ses vies antérieures et sa vie dans l'au-delà afin de se concentrer uniquement sur la nouvelle mission qu'elle désire réaliser. Autrement, l'âme pourrait se perdre dans les dédales de sa mémoire et passer à côté du but visé par son incarnation. Il est déjà assez complexe de tisser la toile des relations qui nous relie aux personnes rencontrées sur notre passage et d'en tirer les leçons appropriées. Alors, imaginons un peu si nous avions accès à l'historique complet de nos interrelations dans toutes les vies antérieures. Hou ! Là là ! De quoi provoquer un court-circuit général de nos neurones !

Donc, cette perte de mémoire « momentanée » est bénéfique bien qu'elle amène son lot de doutes et d'angoisse quant à notre capacité de retrouver notre route de l'autre côté. Cette amnésie ne dure que le temps dont elle a besoin pour se défaire des attaches terrestres, de faire elle aussi, son deuil de tout ce qui empêche son ascension. Cette étape franchie, la connexion se refait et nous récupérons peu à peu les données qui y sont emmagasinées. Même après plusieurs années sans pédaler, le simple fait d'enfourcher notre vélo réactive les circuits de la mémoire et nous voilà partis comme dans le bon vieux temps. Il en est donc ainsi pour rentrer à la maison céleste.

Le fameux tunnel

Les deux pieds sur Terre, il m'est difficile d'expliquer où est le chemin et comment on fait pour y accéder, mais lorsque je franchis l'autre dimension, tout est clair et limpide. Cela se fait sans même que j'aie besoin d'y penser et de faire un effort. Ce fameux tunnel sombre n'est pas un lieu précis où nous devons tous converger pour accéder à la Lumière, sinon il y aurait probablement des embouteillages aux heures de pointe ! En fait, ma perception des choses me pousse à dire qu'il n'y a pas de véritable tunnel, comme on peut se l'imaginer ici-bas. Il s'agit plutôt d'une sensation d'être emporté, voire propulsé, par un tourbillon d'énergie qui donne la nette impression d'être au centre d'un long tunnel sans éclairage où les parois semblent suivre le même mouvement circulaire que nous.

C'est en réalité, l'augmentation de notre taux vibratoire[1] qui crée ces impressions puisqu'il nous fait passer à un autre état de densité. En quittant la matière plus dense, l'âme s'élève automatiquement, comme le ballon gonflé à l'hélium qui aurait perdu son ancrage. La sensation d'être dans un tunnel durera le temps de l'élévation. Donc, ce passage d'un niveau d'énergie à un autre crée cette perception d'être projeté dans un couloir obscur, le temps que la matière s'affine ou devienne plus légère. Il est important de noter que cette sensation d'être au centre d'un tunnel se produit chaque fois que le niveau de vibration s'élève suffisamment pour permettre un changement d'état vibratoire.

Ainsi, dès que survient le décès, l'âme quitte le corps physique auquel elle était attachée et franchit par le fait même un nouveau taux vibratoire. L'âme aura alors la sensation de flotter, elle verra son corps, le lieu du décès, les gens qui s'y trouvent. Elle errera ainsi quelque temps, en apprivoisant son nouvel état et en prenant conscience de la mort du corps. Toutefois, cette élévation du taux vibratoire ne signifie pas nécessairement que de l'autre côté du tunnel se trouve la Lumière tant désirée. En fait, le tunnel peut se comparer à une autoroute où l'âme peut filer tout droit à grande vitesse, mais il lui est également loisible de prendre les sorties parsemées, çà et là le long du chemin. Ce faisant, elle a certes élevé son taux vibratoire, mais elle n'est pas encore rentrée à sa maison céleste.

---

1. Taux vibratoire : est le niveau d'énergie de la matière. Plus ce niveau de vibration est bas, plus la densité de la matière est grande. Inversement, plus la vibration est élevée plus la matière est fluide.

C'est ainsi qu'il m'est possible d'expliquer la différence entre les ascensions de tante Madeleine, de grand-papa et de Mélanie ainsi que celles des autres âmes que j'ai accompagnées. Elles constituent toutes en elles-mêmes des élévations du taux vibratoire pour atteindre un seuil souhaité de leur part, mais elles sont fort différentes pour chacune de ces âmes. Tante Madeleine a pris le tunnel après sa mort et elle a choisi de prendre une sortie avant d'atteindre la Lumière. Elle y est restée le temps nécessaire, puis elle a réclamé mon aide pour faire le reste de l'ascension. Grand-papa et Mélanie ont filé tout droit. Leur âme ressentait le besoin de faire le trajet avant leur mort pour être fin prêts au moment opportun et il ne leur était pas nécessaire à ce stade de prendre une sortie. Aucune des ascensions n'est meilleure qu'une autre, le choix de l'âme reflète toujours ses besoins profonds.

Durant cette traversée, les pensées d'amour et de soutien de ceux qui restent facilitent l'élévation si elles sont offertes avec détachement. Elles agiront comme véritable propulseur de l'âme qui quitte la Terre. Par contre, elles porteront entrave à cette montée si elles marquent un refus d'accepter le départ. Ainsi, l'accompagnateur, pour offrir un véritable soutien, doit d'abord et avant tout permettre à l'être aimé de poursuivre sa route dans l'autre monde, sinon il impose un boulet à l'âme par son refus de la laisser partir. En conséquence, cela freine l'ascension et peut même aller jusqu'à la stopper si l'accompagnateur s'accroche au défunt.

Un mythe à défaire

Il importe, avant d'aller plus loin sur le sujet, de défaire le mythe que la mort physique est synonyme d'un retour immédiat dans notre famille céleste. Loin d'être un acte automatique, l'ascension jusqu'à nos familles célestes se veut d'abord et avant tout une préparation à ces retrouvailles, un peu comme la grossesse est préparatoire à la venue sur Terre. Pour certains, la préparation est très brève et la rentrée à la maison est rapide. On pourrait alors dire que ces âmes décident de filer à vive allure sur l'autoroute. Alors que pour d'autres, il est nécessaire de se rendre par les chemins de campagne, histoire de marquer une pause avant d'aller plus loin ou de faire certains deuils ou prises de conscience. Certaines âmes ont donc besoin d'un temps d'arrêt avant les grandes retrouvailles pour analyser les actions de leur dernière vie ou simplement pour souffler un peu. Il faut ici comprendre que cette voie de contournement n'est ni une punition ni un châtiment. C'est l'âme elle-même qui choisit le chemin et qui décide du temps nécessaire pour se rendre à bon port.

Ainsi, peu importe la voie que les âmes empruntent, la voie express ou les détours, le besoin d'entrer en communication avec leur famille terrestre est présent. Le phénomène de communications avec les défunts n'est pas nouveau. De nombreux chercheurs reconnus sur le sujet, tels Allan Kardec, Klauss Schreiber ou Raymond Moody, ont travaillé fort pour étayer les preuves de ces communications. Il est certes évident que ceux qui restent, ressentent le désir de parler à l'être cher, car ils ne peuvent plus le voir, le toucher ni même le sentir. Son absence devient lourde et même une très brève communication apaise la lourdeur de ce vide. Ceux qui restent ont un deuil à faire. Toutefois, ceux qui partent ont également un détachement important à vivre et il nous faut reconnaître ce besoin afin que leur âme puisse s'élever en toute légèreté.

Plusieurs motifs poussent les âmes à entrer en contact avec les leurs. Loin de moi l'idée de faire une liste exhaustive de tous ces motifs, car il y aurait probablement autant de motifs qu'il y a d'âmes. J'ai plutôt répertorié quelques catégories de motifs qui m'apparaissaient significatifs en termes de besoins et surtout en termes d'aide que nous pouvons leur apporter en fonction des cas que j'ai vécus[1]. Évidemment, les prochains chapitres n'ont pas la prétention de présenter une étude scientifique de ces phénomènes, mais un point de vue sur le sujet, limité à ma propre perception et à mes expérimentations. D'abord, examinons ce que j'appelle la période de transition pour voir ce qui s'y passe et comprendre les besoins des âmes qui la vivent afin de les accompagner dans cette traversée.

---

1. Voici quelques suggestions de lecture à ce sujet : James Van Praagh, *S'élever vers l'au-delà, une quête à travers la vie et la mort*, Marjolaine Caron, *Je vous donne signe de vie*, Daniel et Anne Meurois-Givaudan, *Chronique d'un départ, afin de guider ceux qui nous quittent*.

La transition

« Il est bien mieux de l'autre côté ! » Voilà une phrase que nous entendons souvent après le départ d'un être cher qui a beaucoup souffert dans ses derniers instants de vie. Cette simple phrase laisse sous-entendre que tout est facile pour celui qui vient de partir, comme si instantanément, le souvenir de cette vie s'effaçait pour laisser place à un bonheur sans faille. En fait, dans mes expériences, j'ai ressenti qu'il n'y a pas d'automatisme. L'âme doit, elle aussi, se détacher de ses liens affectifs qui la relient à la Terre. Une période de deuil est donc nécessaire pour qu'elle puisse s'élever vers d'autres horizons. Cette phase de transition se déroule dans un espace entre deux mondes qui n'est ni la Terre ni la Lumière. Les âmes en transit y sont hébergées tant et aussi longtemps que leur cœur le requiert. Cette période de transition en est une de retrouvailles avec l'essence même de l'âme pour lui permettre de renouer avec une légèreté suffisante pour voir sa propre luminosité et sortir de l'amnésie.

L'âme a besoin d'apprivoiser son « nouvel état » et d'accepter la mort de son corps physique pour pouvoir s'en détacher définitivement. Elle a également besoin de faire ses adieux surtout si la mort a été précipitée, et ainsi de faire le deuil de ceux qu'elle a aimés. Dans cet entre-deux comme ailleurs, l'amour agira comme un apaisement et un réconfort et il est nécessaire pour transcender le deuil. Les émotions de souffrances, de peine, de colère et de tristesse de l'âme, liées à sa vie terrestre, empêchent ou ralentissent sa montée vers la Lumière. Alors, tant que ces attaches conscientes ou inconscientes la restreignent, l'âme ne voit pas toute l'ampleur de la Lumière en elle et autour d'elle, son attention étant dirigée vers des éléments extérieurs.

Plus ses attaches sont importantes et inconscientes, moins cette âme pourra ressentir la subtilité du monde astral et la présence des Êtres de Lumière qui sont tout près d'elle. Se sentant seule, elle va souvent errer auprès de ses proches, voulant les consoler et leur faire sentir sa présence. Elle cherchera des moyens d'entrer en contact avec eux comme le rêve, les coups de vent inexpliqués, les frissons.

Les yeux tournés vers la Terre, elle se heurte à un mur d'incommunicabilité difficilement franchissable qui augmente son sentiment d'isolement. Voilà pourquoi notre rôle d'accompagnateur doit se poursuivre pour favoriser les retrouvailles de l'âme avec toute sa beauté et sa lumière. Dès qu'elles ont lieu, l'âme accourt vers sa famille céleste car elle se souvient maintenant de la route l'y conduisant et de ce qu'elle doit faire pour y parvenir.

Parfois, l'âme sait exactement où elle se trouve et connaît les justifications de la période transitoire qui se présente à elle. Elle sent qu'elle a un travail à accomplir ou une réflexion à faire avant de continuer sa route. Cette conscience du monde astral lui permet de s'ouvrir à l'aide qui lui est offert par les Êtres de Lumière afin de cheminer vers sa maison céleste. Le fait d'être entourée n'enlève cependant pas le besoin de cette âme de faire son deuil et de vouloir entrer en communication avec ses proches. Les prières et les pensées de l'accompagnateur seront bénéfiques pour aider cette âme à accomplir la tâche ou la réflexion qu'elle désire faire.

La transition est donc une étape commune nécessaire pour permettre le passage entre la Terre et la Lumière. Ce temps n'est bien évidemment pas mesuré puisque dans l'au-delà, le temps n'existe pas. En regardant les coutumes religieuses liées aux cérémonies funéraires de nos ancêtres, il est aisé de constater, bien qu'elles soient devenues des conventions sociales avec le temps, qu'elles avaient au départ un sens beaucoup plus profond permettant l'accompagnement de l'âme pendant toute cette étape transitoire. Nos ancêtres avaient ainsi institué des rituels de deuil durant la première année du décès, par le biais de différentes cérémonies servant à aider l'âme à quitter définitivement le plan terrestre. Ces conventions sociales nous apparaissent dès lors désuètes, mais derrière un décorum religieux de convenances existaient d'importantes leçons d'accompagnement de l'âme.

Accompagner en pensées

Puisque la période transitoire varie en durée, il demeure donc primordial que l'accompagnement, par le biais de pensées d'amour, sous quelque forme que ce soit, se continue au-delà de la mort physique, particulièrement pour les âmes qui choisissent de rentrer par les routes secondaires. Ces pensées pourront donc prendre des allures de prières récitées ou improvisées, de cérémonies ou de rituels ou simplement d'une attention particulière à la mémoire de l'âme qui vient de quitter pour l'autre monde. Elle sera certes entourée d'Êtres de Lumière, mais l'amour facilite son passage dans cet entre-deux. Nous l'avons vu plus haut, en regard du temps terrestre, cette période peut être assez longue. Tante Madeleine, par exemple, y a séjourné pendant plus de vingt ans. En fait, il ne m'a pas été donné de connaître les raisons du séjour de tante Madeleine dans cet entre-deux. Je précise donc que l'utilisation de son histoire, ici, n'a pour seul but que d'illustrer cette période de transition. De toute façon, il n'est pas important de connaître le chemin choisi par l'âme ; ce qui importe, c'est notre soutien et notre amour envers elle.

Les Êtres de Lumière sont toujours près de l'âme pour la soutenir dans son périple, même s'ils ne sont pas toujours perçus, vus ou sentis par l'âme en transition. Malgré cette présence d'amour, l'âme n'est pas encore entourée de sa famille céleste et elle n'a plus de contact avec sa famille terrestre. Alors, même dans les cas où elle est pleinement consciente de la nécessité de cette période transitoire, elle se retrouve en isolement. Les siens ne font plus partie de son univers temporaire. Dans ce contexte, les pensées d'amour deviennent réellement un puissant allié pour permettre à l'âme de cheminer. Elles servent de véritables balises et contribuent ainsi à briser le cercle de l'isolement. Ainsi, il est essentiel que le travail d'accompagnement se poursuivre bien après la mort physique. Et c'est dans la première année du décès que les besoins de l'âme sont les plus grands puisqu'elle décidera, pendant cette période, du chemin à suivre, soit la voie express ou une route plus sinueuse.

S'ouvrir à l'autre monde

L'amour des proches contribue certes à l'élévation, mais il ne peut à lui seul faire tout le travail. Une partie importante de ce travail réside dans les préparatifs à ce grand voyage. Depuis plusieurs années, voire même plusieurs siècles, dans certaines civilisations, les différents peuples de ce monde terrestre ont découvert l'importance de se préparer à mourir pour faciliter la mort elle-même. Non seulement cette préparation contribue-t-elle à rendre les derniers jours ici-bas plus sereins, mais elle peut également offrir un ticket de première classe pour l'au-delà. Fort heureusement, qu'on soit riche ou pauvre, on peut s'offrir ce billet, car il ne coûte que l'effort d'apprivoiser la mort physique et les peurs qui s'y rattachent. En fait, le véritable secret pour bien vivre sa mort, c'est d'apprendre ici-bas l'amour et le détachement. *Le Livre tibétain de la vie et de la mort*[1], contient de précieux enseignements à ce sujet; je vous laisse le soin de vous y référer.

Ainsi, c'est la préparation à la mort qui déterminera la classe du ticket vers l'au-delà. Sachant que les bagages permis aux frontières des mondes sont les apprentissages, les convictions et les croyances, les peurs, la haine, la colère, les doutes, l'amour et la compassion, il est alors loisible à tout voyageur de remplir ses valises à sa guise sa vie durant. Au cours de mes expériences d'accompagnement, j'ai été en contact avec des âmes qui avaient ou non procédé aux préparatifs de ce grand voyage. Loin de moi l'idée de juger ici les actes qu'ont accomplis ces âmes sur Terre et les choix qu'elles ont faits par la suite. Par leurs confidences, certaines âmes m'ont permis de vérifier l'impact des bagages qu'elles avaient choisi d'emmener avec elles dans l'autre monde. En voici deux exemples où les âmes ont opté, pour des raisons qui leur sont strictement personnelles, pour une période de transition plus longue.

Une âme perdue

J'ai fait une rencontre plutôt étonnante un jour où je méditais. Je me suis sentie aspirée dans un tourbillon d'énergie et je me suis retrouvée dans un endroit assez sombre. Je n'avais aucune idée où je

---

1. Sogyal Rinpoché, *Le Livre tibétain de la vie et de la mort*.

me situais, mais je sentais une présence tout près de moi. C'était très étrange, car cette âme était complètement recroquevillée sur elle-même et semblait s'accrocher de toutes ses forces à quelque chose d'invisible, à mes yeux du moins. Les alentours étaient sombres et j'oserais dire froids, non pas en termes de sensation physique, mais en termes d'émotion. J'avais peine à distinguer la forme de l'âme et c'est la sensation d'une présence qui me poussa à lui parler. Je lui ai demandé la raison de sa présence dans ce lieu. Elle l'ignorait. Elle m'a dit qu'elle cherchait la Lumière, mais qu'elle n'arrivait pas à la trouver. Elle était perdue. Préférant s'accrocher là plutôt que d'errer sans pouvoir entrer en contact avec âme qui vive, elle dégageait des énergies de peur et de solitude.

Nous avons discuté un moment de sa solitude et de ses peurs par des échanges de cœur à cœur. Au retour, il ne m'est resté que peu de souvenirs des paroles exactes que nous avions échangées. Toutefois, ce sont les sensations de peur et d'isolement qui se sont imprégnées dans ma mémoire. Elles m'ont permis de comprendre que la peur de quitter la Terre isole les âmes qui s'élèvent. La peur de cette âme constituait un véritable boulet qui l'empêchait de s'élever suffisamment pour pouvoir trouver enfin la Lumière qu'elle espérait depuis un bon moment. Au fil du dialogue, cet amas d'énergie grisâtre, pratiquement impénétrable, s'est peu à peu transformé pour virer au gris clair. Et au moment où je lui ai raconté qu'il m'arrivait d'accompagner des âmes qui le désiraient jusqu'à la Lumière, elle a repris toute sa luminosité. Cette âme acceptait soudain de voir une autre perspective que la peur et la solitude. Elle acceptait de se détacher de la Terre et devenait ainsi enfin prête à parcourir le reste du chemin. Sa main astrale dans la mienne, nous nous sommes laissées emporter dans le tourbillon d'énergie. Et pouf! le décor terne céda sa place à la beauté du blanc pur. Après de brefs adieux, c'est à l'ambiance réconfortante de ma chambre que je suis retournée pour clore cet accompagnement riche d'apprentissage.

La route de Frédéric

Depuis deux ans, je travaille à la préparation de rencontres données par des amis en prévision desquelles j'ai à faire de nombreux appels téléphoniques. En mai 2002, j'ai téléphoné à une dame qui figurait sur ma liste. Elle m'a alors demandé s'il était possible, à la prochaine rencontre, de prier pour son fils, Frédéric, décédé le mois précédent. J'ai évidemment accepté de transmettre sa demande. Puis, elle m'a dit: « Tu sais, ce n'est pas un hasard si je te parle de ça aujourd'hui. Il y a une raison. » En mentionnant ces mots, j'avais le cœur qui battait la chamaille et je sentais une telle énergie que je savais qu'elle avait raison. Ce n'était réellement pas un hasard. Une drôle de sensation m'est demeurée après cette conversation, mais je l'ai tout de suite attribuée à la tristesse que cette dame devait ressentir depuis le départ précipité de son fils.

Le lendemain matin, en prenant ma douche, les mots de la mère de Frédéric me sont revenus à l'esprit et j'en ai soudainement compris tout le sens. Son fils voulait entrer en contact avec elle, je le sentais. Ce pressentiment était fondé et Frédéric a usé d'une grande astuce pour se faire présenter. Comme je n'avais jamais vu cette dame ni Frédéric, il m'était vraiment difficile de leur attribuer une image physique. Et ça, Frédéric le savait bien. Alors, il s'y est pris autrement pour se faire reconnaître sans l'ombre d'un doute, enfin vous commencez à me connaître... Il m'a fallu quelques confirmations pour ne plus voir l'ombre des doutes!

Alors, ce matin-là, en méditant, j'ai vu les images d'un chat d'une clarté stupéfiante. Il était tout noir avec une petite tache blanche au visage. Le chat s'amusait avec une fleur, lui donnait des coups de pattes, la sentait au passage. Puis, le champ de vision s'est élargi et j'ai vu un garçon d'une dizaine d'années, peut-être un peu plus, assis sur les marches du perron d'une maison grise. Son regard attristé suivait les mouvements agiles du chaton. Je me suis demandé ce qu'il faisait là, et le nom de Frédéric m'est monté au cœur comme un appel lointain. Aucune parole ni aucun message n'ont été entendus dans mon cœur. C'est la sensation si intense d'être au cœur des images qui m'a fait comprendre qu'il s'agissait réellement de lui. Ensuite, ont défilé les images d'une voiture où des adolescents prenaient place. J'ai revu encore le garçon si triste, sa peine était d'une telle lourdeur! Puis, tout s'est estompé. Quel sens donner à ce

« court-métrage ? » Je sentais qu'il s'agissait de Frédéric qui tentait d'entrer en contact avec moi et je me suis alors dit qu'il avait utilisé son chat, peut-être un chat tué par la voiture, pour qu'on le reconnaisse.

Il me pressait donc de rappeler la mère de Frédéric pour comprendre le sens des ces images, mais chaque fois que je m'apprêtais à le faire, j'en étais détournée. Quelques jours plus tard, le moment propice était enfin arrivé. Oh ! là là ! Qu'il était bon de poser cette question qui m'avait brûlée les lèvres tout le week-end : « Est-ce que votre fils avait un chat ? Et comme un gant de boxe prêt à charger, un « non » ferme est sorti du récepteur pour venir m'asséner un crochet en plein ventre. « Impossible ! » avais-je envie de lui crier. Je n'y comprenais plus rien. Fortement ébranlée, j'ai senti que je devais aller plus loin. Je risquai alors une autre question : « Aimait-il les chats ? ». Bang ! Cette fois, c'était un droit en plein visage. Il n'aimait pas les chats. Vraiment, c'était le comble. M'étais-je trompée sur toute la ligne ? Le ressenti avait été si fort, ça ne pouvait pas être une erreur !

Ma relation avec la mère de Frédéric se limitait aux quelques appels pour des informations que j'avais eus avec elle, alors je me sentais assez mal à l'aise d'aborder le sujet des accompagnements dans l'au-delà avec elle, non pas par crainte d'une incompréhension de sa part, mais plutôt par manque de confiance envers mes propres capacités. Ici, la fuite semblait tellement attirante. Taire les raisons de ces questions à propos du chat pour clore l'histoire, voilà qui était bien tentant. Mais, une envie irrésistible de comprendre me forçait à remonter dans le ring, faisant fi des soufflets qui pourraient encore venir. Et si je me trompais, tant pis ! Mon mental aurait une belle leçon d'humilité à intégrer. J'ai donc ouvert mon cœur à cette dame qui m'a écoutée avec beaucoup d'amour et d'attention. Et d'emblée, elle m'a raconté que son fils avait eu, peu avant sa mort, une très grande peine liée indirectement à un petit chat noir. Maintenant qu'elle connaissait le but de mon questionnement sur le chat, elle reconnaissait la volonté de Frédéric d'entrer en contact avec elle et elle voyait, dans ce petit chaton, un élément de compréhension important.

Plusieurs jours après cet événement, Frédéric est revenu me voir, toujours par le biais de ce petit chaton. Il était content que j'aie fait part de cette communication à sa mère. Je voulais lui proposer de l'accompagner au tunnel; cependant je sentais son cœur accablé. Comme dans l'histoire de Mélanie, que j'ai racontée dans la première partie, mon âme lui a proposé de se libérer de cette peine pour pouvoir parvenir à la Lumière. Dans un échange profond de mots gravés sur le cœur, il m'a dit qu'il savait que la lourdeur de sa peine l'empêchait de gravir le parcours. Je lui ai mentionné que d'autres âmes ont pour mission de l'aider s'il le désire. Il a acquiescé. Il connaissait déjà la présence de ces âmes bienveillantes et remplies d'amour qui étaient là près de lui. Sans les voir, je sentais encore une fois leur présence. Il m'a alors confié avoir besoin de temps pour apprendre de son expérience sur la Terre. Il se sentait rassuré de pouvoir bénéficier de l'accompagnement des Êtres de Lumière alors présents pour le soutenir dans les apprentissages à venir. Puis, en m'éloignant tranquillement de lui, je lui ai dit qu'il pourrait toujours compter sur moi pour l'accompagner quand il le jugerait approprié ou nécessaire. Nous nous sommes dit au revoir. Le sachant fort bien entouré, je suis revenue à moi l'esprit en paix.

Connaître son chemin

En fait, j'ai raconté toute l'histoire de Frédéric en détail, car elle recèle de merveilleux enseignements. Personnellement, j'ai appris beaucoup sur la façon dont les âmes, dans leur envol, peuvent entrer en contact avec nous. Les messages clairs et limpides peuvent parfois se présenter sous forme d'images ou de symboles totalement incompréhensibles à première vue. Cette âme qui désire livrer un message sait choisir avec tant d'habileté tout ce qu'il faut pour atteindre le but visé par cette communication! Ironiquement, c'est par bribes que le message est parvenu à la mère de Frédéric. Je ne peux expliquer pourquoi. C'était comme si un petit bout des communications avec

Frédéric me revenait à chaque fois que je devais parler à sa mère. Ces échanges mettaient alors en lumière un nouvel aspect du message que Frédéric avait voulu offrir à ses proches. Maintenant, je suis en mesure de comprendre que chacun des détails que Frédéric m'avait fait voir, lors de notre première rencontre, était important et portait un sens bien précis. Rien n'appartenait au hasard et tout s'était déroulé dans un ordre parfait.

Je suis très reconnaissante à Frédéric de m'avoir confié cette grande tâche, car elle m'a également enseigné la différence entre la peur et la certitude. Chaque âme a son histoire et sa route à suivre et je ne veux pas entrer dans la ronde des comparaisons et des jugements. Mais de façon purement factuelle, j'ai choisi les deux histoires qui précèdent pour illustrer ces opposés. L'âme perdue vivait dans la peur de se détacher de la Terre. Cette peur l'a aveuglée et l'a littéralement attachée dans l'entre-deux. Cette âme ne savait plus où elle était ni comment en sortir. Cet épisode qui présente un aspect de la peur dans l'au-delà n'a rien d'alarmant, de pessimiste ou de condamnant. Il sert simplement à appuyer la thèse que la préparation à la mort par la connaissance est le phare qui illumine la voie pour chasser l'ombre et la peur.

Au cours des échanges téléphoniques avec la mère de Frédéric, j'ai appris que ce dernier savait où il s'en irait à sa mort. Et les images qu'il m'a transmises me l'ont démontré sans équivoque. Frédéric n'avait pas peur de quitter la Terre. Les images de la voiture avec les adolescents étaient justement là pour le dire à sa famille. Frédéric était convaincu qu'à sa mort, il irait rejoindre un proche décédé dans un accident de la route plusieurs années auparavant. Il désirait retrouver cet être cher et cela devenait son objectif à suivre. Son chemin était défini, et par conséquent, il ne s'est pas coupé de l'aide et des ressources dont il avait besoin pour continuer sa route. Ainsi, les deux récits présentés dans ce chapitre ont été mis en corrélation afin de démontrer l'importance de la préparation à la mort. Frédéric, qui avait tracé ici-bas le trajet sur sa carte du ciel, s'est offert une voie munie de balises en fixant où il désirait se rendre, alors que l'âme perdue a marché un bon bout de temps à tâtons sans trouver ce qu'elle cherchait.

D'un point de vue céleste, tout est parfait et il n'existe aucun chemin meilleur qu'un autre. Chaque âme emprunte simplement celui dont elle a besoin pour se réaliser. Toutefois, ces informations font réfléchir et nous offrent la possibilité de planifier notre voyage de l'autre côté. Le choix nous est offert et il nous est loisible de le préparer ou non, sachant que, tôt au tard, il faudra aller de l'avant avec les bagages en main. Mais peu importe ce que nous transporterons, il est réconfortant de savoir que «tous les chemins mèneront à la Lumière».

Chapitre 6

Donner signe de vie

> *Le plus important, dans ce que je me rappelle, c'est combien j'étais triste de ne pouvoir lui faire savoir, d'une façon ou d'une autre, que j'allais bien.*
> *Je savais que tout se passait bien pour moi, mais je ne savais pas comment le lui dire...*
>
> Michael Sabom,
> Souvenirs de la mort

Donner signe de vie est un des besoins essentiels de l'âme qui se hisse vers d'autres sommets. Il est ici tentant de se demander pourquoi les âmes qui voyagent dans l'au-delà sentent cet irrésistible désir de parler à nouveau à certaines personnes significatives pour elles. En effet, pourquoi dans cet environnement si enveloppant d'amour inconditionnel, l'âme éprouve-t-elle encore la nécessité de toucher à nouveau aux attachements terrestres de densité plus lourde? Pourquoi les liens affectifs avec la Terre transcendent-ils ces frontières? Voilà bien des questions auxquelles je vais tenter d'apporter un mince aperçu de réponses, étant bien conscient que cela ne couvre qu'une toute petite partie de la vérité dans toute sa dimension.

Partager le bonheur

Imaginons un instant que nous sommes gagnants d'un merveilleux voyage dans un pays magnifique où nous pourrons trouver l'abondance sous toutes ses formes. Partis pour une durée indéterminée, nous arrivons à destination après avoir fait des adieux parfois déchirants aux êtres que nous aimons tant. Puis, nous commençons la visite de ces lieux de villégiature avec l'enthousiasme, l'émerveillement et la légèreté d'un enfant de quatre ans. Comblés par toutes ces aventures enrichissantes, qu'aurons-nous envie de faire d'emblée ? Partager ce bonheur avec ceux qui sont restés à la gare pour nous dire au revoir. Nous voulons leur faire savoir que nous allons bien et que nous sommes enchantés par cette nouvelle vie qui débute pour nous. Tous les moyens à notre disposition seront alors bons pour leur faire découvrir, par nos mots écrits ou dits, la beauté et la magnificence de ce périple. Crier notre enthousiasme et notre bien-être nous semble évident dans ce contexte, n'est-ce pas ?

Et bien, cette pulsion toute naturelle demeure aussi lorsque l'heure du grand voyage a sonné. L'âme qui redécouvre qui elle est et d'où elle vient, brûle du désir de faire savoir à ses proches comme c'est merveilleux ce qu'elle vit et comme c'est bon d'être là. Cette âme qui vient d'accoster sur des nouveaux rivages, possède un avantage indéniable sur nous. Elle peut encore nous voir, nous sentir et nous entendre. Ainsi, elle baigne de tout son être dans l'amour céleste, mais elle ressent en même temps l'amour, les inquiétudes et les peurs de ses compagnons d'en bas qui trempent, eux, dans un amour plus terre à terre. La plupart des compagnons de vie terrestre de ces âmes quant à eux, n'arrivent pas à ressentir la présence de leur ami qui les a quittés, car ils ne sont pas branchés sur le ressenti du cœur.

Ainsi, d'en haut, l'âme assiste avec impuissance à la peine et à la douleur causées par son départ. Elle désire alors diminuer la lourdeur de cette peine en faisant savoir qu'elle est bien, qu'elle est rendue, qu'elle est heureuse et qu'elle vit toujours. Il s'agit en fait d'un signe d'amour et de reconnaissance envers ceux qui restent. À l'image du voyageur, elle a envie de dire: «Ne vous inquiétez pas pour moi. Tout va bien». Cette communication lui donne des ailes, car elle a un double effet. Dans un premier temps, elle permet à l'âme de partager une parcelle d'amour céleste dans le but d'alléger le cœur de ceux qui l'ont aimée sur Terre. Une poussée d'élévation naît alors de cette communication, à l'image de toute bonne action accomplie dans le détachement.

En second lieu, sur Terre, ceux qui restent reçoivent cette communication d'amour avec bonheur, qu'elle provienne d'un messager ou qu'elle ait été captée directement par ceux à qui elle s'adressait. Ainsi, les proches se sentent apaisés de savoir que cette âme qu'ils ont chérie est dorénavant en paix et dans la Lumière. Ils sont donc amenés à croire en la continuité de la vie après la mort et à la survie de la relation. Et cela les amènera en conséquence à nourri, de façon consciente ou inconsciente, cet amour qui les unissait ici-bas, favorisant du même coup un support fort utile pour l'élévation de l'âme chère. D'un côté comme de l'autre, l'amour permet de traverser les étapes à franchir avec plus d'aisance. Dans une synchronisation parfaite, l'échange de cette énergie vitale se manifeste dans toute sa splendeur. Il coule comme l'eau de la montagne descend jusqu'au lac pour mieux remonter plus subtilement sous forme d'évaporation et revenir encore et encore à sa source.

Un ami nous quitte

J'aimerais ici vous parler de l'expérience que j'ai vécue et qui illustre bien ce désir de l'âme de rassurer et de faire connaître son bien-être. Lucien, un ami de la famille que je savais atteint d'un cancer, en était à ses derniers moments. Je demandai à ma mère qui le visitait de façon régulière, de lui offrir mon aide s'il en avait besoin.

- «Que veux-tu que je lui dise?«, m'a-t-elle répondu dans l'espoir de connaître les justes paroles à prononcer.
- «Seulement que je suis là s'il a besoin d'aide. Ne t'en fais pas, il comprendra.», ai-je répondu. J'avais la certitude qu'il recevrait le message.

Les circonstances m'ont permis d'aller lui rendre visite avant son décès. Seule avec Lucien, je lui ai mentionné qu'il ne serait pas seul lors de sa mort, qu'il serait accompagné et que s'il le désirait, je pourrais être là. Il n'avait qu'à me le faire savoir. Bien que son état ne lui permettait plus de me répondre, je savais que son âme m'avait entendue. Cette nuit-là, je me suis éveillée vers trois heures du matin avec le sentiment que Lucien était présent. Je lui ai demandé s'il désirait de l'aide et j'ai fermé les yeux pour recevoir la réponse dans mon cœur. Une image de quelques personnes regroupées dans un endroit qui m'apparaissait sombre s'est affichée au niveau du troisième œil. Parmi ces personnes, il y avait Lucien, situé en plein centre. Je le sentais cependant très loin et distant. Il m'a dit de ne pas m'en faire qu'il était bien entouré et qu'il n'avait pas besoin de mon aide. Puis, l'image s'est évanouie pour laisser place à la noirceur.

Toujours sous la vibrante énergie, j'ai passé le reste de la nuit à tourner et retourner les images dans ma tête. L'énergie de sa présence m'habitait toujours. C'était la première fois que je rencontrais une âme dans la pénombre et je me questionnais pour expliquer ce phénomène. Le lendemain matin, j'appris que Lucien était décédé aux petites heures du matin. Je connaissais désormais la cause de mes tourments de la nuit. J'avais senti la mort imminente de cet ami, sans l'avoir pourtant accompagné dans l'au-delà. C'était sa présence, son énergie qui m'avait tenue éveillée. En fait, Lucien voulait faire savoir qu'il était bien entouré et que tout allait bien pour lui. C'était un geste bien attentionné pour ceux qui l'ont aimé.

Les jours s'écoulèrent et ce fut une très grande surprise de revoir Lucien dans une de mes méditations matinales. Je ne croyais pas le revoir, car j'avais interprété ses paroles comme un dernier adieu, mais en réalité, elles signifiaient seulement que mes services n'étaient pas requis pour la grande traversée. Ce matin-là, tout était bien différent de la première rencontre. Tout était lumineux et rempli d'amour. La vibration y était très intense. Lucien avait revêtu son apparence d'avant sa maladie ; il était si radieux ! Il désirait offrir un court message à son épouse pour lui exprimer tout son bien-être et son amour. Il lui tardait de faire savoir qu'il n'était pas seul pour poursuivre sa vie dans l'au-delà et qu'elle ne devait pas être triste pour lui. Curieusement, il avait apporté une preuve pour que je le reconnaisse, soit les images de son corps malade. Fort surprise, j'ai souri et je lui ai mentionné que dans ce lieu d'amour, les cœurs se reconnaissent d'emblée sans formalité. Il semblait déjà le savoir, mais je sentais que cette preuve revêtait une grande importance pour lui. J'ai donc accepté ce qu'il m'offrait sans autre réticence. Puis, lentement, il est reparti en me disant au revoir d'un signe de la main. Je l'ai remercié et j'ai repris contact avec mon corps en sentant et en bougeant peu à peu mes pieds, mes jambes, mes bras, mon tronc et ma tête.

Décidément, la vie me réservait des tas de surprises. J'étais vraiment étonnée. Encore une fois, mon mental se questionnait sur l'utilité de cette preuve. C'était incompréhensible, mais j'avais un message à transmettre et j'allais le faire. Après avoir jasé avec son épouse, j'ai réalisé à quel point l'univers m'avait facilité les choses. La conversation avait coulé tout naturellement. De plus, non seulement j'avais obtenu, par la réaction de sa femme, le sentiment de la tâche bien exécutée, mais j'y ai également reçu une révélation importante.

En effet, je n'avais pas à comprendre le sens et l'ampleur des messages qu'on me demandait de livrer. S'il m'était impossible de comprendre pourquoi cet ami traînait avec lui une preuve de son identité, sa femme elle, en savait tout le fondement. De plus, au cours de cette conversation, les images sombres du premier contact me sont réapparus. Au même moment, l'épouse de Lucien m'a raconté les derniers moments de vie de Lucien, entouré de sa famille. Après avoir raccroché le combiné, j'ai réalisé que ces images sombres étaient la pénombre de sa chambre au moment de sa mort. J'avais offert à Lucien, lors de notre dernière rencontre, d'être là à sa mort, et c'est exactement ce qui s'était produit. Tout avait maintenant un sens, les questions en suspens trouvaient leurs réponses. La boucle était bouclée. Le rideau tombait sur cette belle et grandiose pièce qui venait de se terminer pour moi et la Vie venait à nouveau de se manifester dans tout son déploiement. J'étais si reconnaissante envers

Lucien de m'avoir tant appris et envers sa femme pour la confiance qu'elle m'avait si généreusement offerte. Chacun d'eux, à leur façon, venait de me donner une magnifique marque d'amour.

L'amour, toujours l'amour

L'amour, terrestre ou céleste, demeure l'amour. Il ne s'agit en fait que d'une variation ou d'une teinte différente, peut-être même d'un pâle reflet. La mort physique n'anéantit pas cet amour. Les rendez-vous terrestres ne sont pas des rencontres hasardeuses où le mot « fin » s'écrit sur le générique d'une courte vie passée ici-bas[1]. Ces rendez-vous écrivent, au fur et à mesure, l'histoire d'une âme selon ses besoins d'apprentissage et ils sont fixés par elle d'un commun accord avec les visiteurs à qui elle donne rendez-vous. Et ce lien d'amour profond qui unit les âmes depuis de nombreuses vies ne fait que s'accroître et s'affiner au fil des rencontres malgré les apparences souvent trompeuses. La vie terrestre de mon grand-père en fut une belle illustration. Derrière sa façade humaine dure se cachait en réalité un si grand amour pour ses enfants! Il est difficile de comprendre la portée des rôles qui sont joués ici-bas puisque nous n'avons pas une réelle vue d'ensemble de tout le tableau.

Toutefois, j'ai pu ressentir très souvent l'ampleur de l'amour de l'autre côté. Sa grandeur est réellement impossible à qualifier, à décrire ou même à expliquer de manière à lui rendre toutes ses lettres de noblesse. Les mots deviennent des barrières qui limitent la portée, le sens et l'expérience elle-même. Ces voyages m'ont permis de voir, avec les yeux du cœur, à quel point la vision terrestre est occultée du véritable sens des actions qui y sont personnifiées. Que j'aimerais que tous et chacun des habitants de la terre puissent connaître ces expériences exaltantes pour se figurer autrement le rôle que chacun d'eux a accepté de tenir dans cette grande pièce de la vie! Pure utopie pensez-vous? Personnellement, je crois que nous avons tous cette

---

1. Pour en savoir plus à ce sujet, voici quelques suggestions de lecture : Michael Newton, *Un autre corps pour mon âme, souvenirs de voyage dans l'au-delà*, Marie Bolduc, *Le couloir des élus*, Daniel et Anne Meurois-Givaudan, *Les neuf marches, histoire de naître et de renaître*.

possibilité en nous et qu'il nous faut seulement accepter, avec toutes les conséquences que cette décision amène, de déterrer, de dépoussiérer et de polir ce trésor inestimable que comporte la communication avec le monde invisible et qui gît au fond de chaque être humain.

Ainsi au-delà des frontières subtiles de l'énergie, l'amour subsiste, l'amour persiste, l'amour vit et grandit. Les rendez-vous terrestres ne servent donc qu'à alimenter cet amour, à le faire croître jusqu'à la plénitude de l'amour unifié, affranchi de toutes conditions. L'âme qui s'élève et qui reprend contact avec son essence se souvient de l'ampleur de cet amour qui l'a unit avec les habitants de cette belle planète bleue. Comment alors peut-elle résister à l'envie de manifester la profondeur du lien d'attachement qui existait bien avant son passage sur terre? La mémoire recouvrée, elle désire qu'en bas aussi on se souvienne de cet amour éternel.

Une mère veut parler à sa fille

Ce besoin de dire, de faire savoir, je l'ai ressenti si fortement avec Simone, une dame que j'ai connue il y a plusieurs années et qui est décédée de la longue et bien difficile maladie d'Alzheimer durant les dernières vacances de Noël. Sa fille, France, est une excellente amie de ma mère. Le jour de ses funérailles, l'âme de la mère de France est venue me visiter. Que d'amour elle désirait transmettre à France cette journée-là! Elle irradiait et sa joie était communicatrice! Son bref message, encore une fois totalement inattendu, se résumait comme suit: « Je me rappelle maintenant qui je suis, je me rappelle tout l'amour que tu as eu pour moi. Je suis bien. » Ces mots de réconfort pressaient d'être délivrés rapidement, je le sentais au plus profond de mon être. Alors, la voie la plus rapide m'a paru être par messager... Et ce messager était ma mère, évidemment! Cela se révélait être le moyen infaillible en la circonstance. Je savais que ma mère se rendrait aux obsèques quelques heures plus tard et je lui ai demandé d'offrir à France ces quelques mots avec tout le réconfort qu'ils portaient. Décidément, ma mère devait faire partie elle aussi de la famille des passeurs. Je me comptais encore une fois bien privilégiée de pouvoir compter sur sa collaboration, car il m'aurait été plus difficile de livrer le message autrement avec la certitude qu'il serait là à temps et au bon moment.

Quelques jours plus tard, j'ai reçu à nouveau la visite de Simone. Elle désirait dire à France qu'elle pouvait, elle aussi, ressentir sa présence dans son cœur. Elle souhaitait que je lui transmette une façon d'y parvenir. L'amour de cette dame pour sa fille transcendait notre dimension pour continuer de grandir et ne cherchait qu'une voie pour s'exprimer à nouveau. C'était magnifique! Diffuser ce message m'a donné des ailes. Je participais une fois de plus, par cette petite action, à quelque chose de bien plus grand, et cela était très enivrant. Que c'était merveilleux d'être un véhicule au service de l'amour!

Le dernier signe de la main

Les deux incursions dans l'autre monde présentées dans le présent chapitre, expriment l'espoir et la plénitude. Elles ont eu lieu pour panser la douleur vive du départ et elles ont été de pures manifestations de l'immensité de l'amour. À les regarder, elles représentent le dernier signe de la main que Lucien et Simone, ces grands voyageurs, désiraient offrir. Inévitablement, l'absence d'un voyageur que nous avons aimé se fera sentir après que le train aura franchi la ligne d'horizon. Ce vide béant en nous se comblera avec le temps, non pas en oubliant cet être cher parti pour d'autres mondes car on n'oublie jamais l'amour, mais plutôt l'espoir de le savoir si vivant. La possibilité de pouvoir à nouveau échanger avec lui remplacera désormais le vide laissé par l'absence. Et ce privilège d'entendre, d'écouter autrement n'est pas réservé à une élite qui possède un don bien particulier.

Plus j'avance dans cette mer d'inconnu et plus je réalise que les oreilles de mon cœur étaient à l'écoute de plusieurs manifestations intangibles bien avant la découverte consciente de ce trésor en moi. J'avais encore tellement besoin de preuves tangibles pour convertir ces vagues sonorités en réelles mélodies du bonheur. Je n'exagère pas ici tout le potentiel de joie qui a surgi dans ma vie grâce à l'écoute attentive des nombreux signes et sons qui m'étaient régulièrement envoyés. Croyez-moi, si j'ai pu les entendre avec toutes les barrières d'insonorisation internes que j'avais érigées, vous le pouvez également.

Il n'y a pas de recette miracle ou infaillible. Une seule suffit à allumer la petite étincelle, une seule est nécessaire pour élever la vibration de la personne désireuse de découvrir cette source intarissable de bonheur. À l'image du chercheur d'or, rien ne sert de courir à gauche et à droite pour trouver cette mine de richesses intérieures. Elle est là où l'on s'y attend le moins, là où personne ne pense aller fouiller, là où tout est possible, là où tout a commencé, c'est-à-dire dans notre cœur. Simone est venue nous l'enseigner. La méthode pour retrouver cette source importe peu. J'ai proposé la mienne, en première partie, à titre d'information, mais je sais qu'il en existe bien d'autres toutes aussi valables. Ceux et celles qui veulent apprendre à communiquer avec les âmes n'ont donc qu'à suivre la voie du cœur qui ne saurait être un mauvais maître. C'est dans l'abandon et le détachement qu'exige la voie du cœur que se présenteront les apprentissages nécessaires au dévoilement de ce don inné présent chez tous les humains.

Chapitre 7

La compréhension en cadeau

> *C'est l'idée de mourir qui me fait encore un peu peur en cet instant, ajoute-t-elle enfin. Peut-être le mot lui-même... la mort... Presque une timidité inexplicable... ou une pudeur, je ne sais pas. Mais je suis si heureuse d'être allée jusqu'au bout de ma vie, d'avoir fait de mon mieux malgré tout ! Je voudrais offrir mes maladresses, afin qu'elles servent au monde. Afin qu'elles fassent aimer la chance de vivre sur cette terre, afin qu'il y ait aussi moins de méandres dans le cœur de chacun.*
>
> Anne et Daniel Meurois-Givaudan,
> *Chronique d'un départ*

Comprendre son départ

« Il fallait que je parte à ce moment. C'était l'heure que j'avais choisie avant même de naître. Comprenez bien que cela était mon choix. La vie ne m'a pas été enlevée, j'avais besoin à ce moment précis de cette transformation pour continuer ma route. Je vis encore et je désire que vous sachiez que « B » a accepté de jouer un rôle dans ce départ précipité. C'est un acte d'amour et de courage qu'il a accompli ce jour-là, même si les yeux terrestres y voient plutôt un geste téméraire et irresponsable. Croyez-moi, il fallait beaucoup d'amour et de courage pour accomplir cette mission avec toutes les conséquences qui en découlaient. N'en doutez point, il fallait que cela se passe ainsi. Acceptez mon départ comme un choix servant à notre évolution commune et non comme un malheur triste et inutile, comme une vie gâchée par la négligence.» Ces mots, si puissants et si criants, m'ont été livrés par Marie-Claude, décédée plus de trois ans auparavant dans un accident de la route alors qu'elle était dans la jeune trentaine. «B» était le seul indice que je recevais d'elle pour le nom de son conjoint; même en la questionnant et en lui demandant de me le dire, je ne comprenais que cette lettre.

Partie trop vite sans avoir eu le temps de dire au revoir, partie en laissant seuls enfants, conjoint et famille en souffrance, elle sentait le besoin de faire savoir que son départ avait un sens. Il fallait qu'on sache, je le sentais si fort, et encore plus à sa deuxième visite! N'ayant pas délivré le premier message, le deuxième se faisait encore plus criant. Le message de la première communication était semblable au deuxième, mais comme le destinataire du message ne m'avait pas été clairement identifié, je croyais qu'elle avait seulement le désir de parler à quelqu'un. Mais à son deuxième contact, j'ai compris sans hésitation que Marie-Claude voulait que sa mère entende ces mots.

Un défi de taille se présentait alors. Je ne connaissais pas beaucoup sa mère et je n'avais aucune idée de la manière de lui transmettre ce message. Après tout, elle ne m'avait rien demandé. Saurait-elle recevoir ce message et saurais-je lui livrer convenablement? J'ai alors lancé à Marie-Claude: «Si tu veux que ta mère entende ce message, mets les choses en place, car je ne sais pas du tout comment y arriver». Les événements ont défilé comme dans un film et le «gars des vues» a orchestré les enchaînements d'une manière inimaginable. Cela ne laissait plus aucune place au doute. Marie-Claude voulait que sa mère ait ce message. Tout s'est organisé pour que le contact avec sa mère s'établisse et la lettre «B» constituait un élément important du puzzle. Maman qui, encore une fois a joué un rôle capital dans le dénouement de l'histoire, a rencontré avec une synchronicité incroyable la mère de Marie-Claude. Cette dernière lui a appris que le nom de famille du conjoint de Marie-Claude débutait par «B». Marie-Claude désirait réellement parler à sa mère et lui offrait cette information en guise de premier contact pour ainsi susciter le désir de connaître la suite du message. Elle désirait qu'elle sache que sa mort n'était pas vaine et qu'elle apportait pour chacun une des plus belles et des plus grandes manifestations d'amour cachées sous des haillons de souffrance.

Comme Marie-Claude, d'autres âmes ont le profond désir d'expliquer pourquoi elles ont quitté la Terre. Les ententes prises dans l'au-delà, nécessaires à nos apprentissages, sont occultées de notre mémoire et le sens des événements se perd. Ainsi, ces âmes sentent le besoin de faire un rappel pour toucher le cœur afin d'aider la transformation de la douleur en apprentissage. Cette brève incursion vise à rappeler que tout est amour malgré l'illusion, malgré les masques et les déguisements.

La mort, naissance d'une vie nouvelle

Mais où est-il donc cet amour? Les entrailles déchirées par la douleur de la séparation, de la perte, comment imaginer que le départ d'un être cher puisse servir la cause de l'amour. Même la plus petite des manifestations de l'amour n'est-elle pas sensée nourrir au lieu de vider, n'est-elle pas supposée élever au lieu d'atterrer? En regardant la mort sous l'angle du vide et de la douleur individuelle, il n'y a nulle envie d'y voir là un présent inestimable. On cherche plutôt à savoir qui est le Dieu si cruel ayant inventé pareille calamité: donner pour mieux reprendre?

Toutefois, dans une vision élargie de la mort, la perspective d'abattement et d'injustice de la perte ne tient plus. Il n'y a plus de perte, il n'y a que transformation, il n'y a plus de colère, il y a de la compréhension, il n'y a plus de vide, il y a tout un espace à découvrir. La mort devient, pour celui qui quitte, un passage choisi vers d'autres horizons nécessaires à son évolution, et pour ceux qui restent, elle constitue une importante leçon de détachement planifiée avant l'incarnation. Dans cette optique, la mort devient un vrai « présent » à vivre et non plus un passé à se remémorer sans cesse.

Apprivoiser la douleur liée à la mort, guérir les blessures infligées par ce départ constitue une longue leçon, en plusieurs chapitres, mais qui offre en bout de ligne le merveilleux cadeau du détachement. Le véritable amour est celui qui se vit sans condition, qui existe au-delà des sens de la vue, de l'ouie, du toucher, de l'odorat et du goût. La mort nous conduit à aimer autrement, à vivre la relation sur un autre plan. Elle nous incite à sortir des chemins fréquentés habituellement avec l'être « disparu » pour recréer notre vie autrement. Ce changement majeur opère une vision nouvelle de la vie, de notre vie et de nous-même. Il nous force à nous redéfinir, à nous reconnaître et à nous reconstruire. C'est du fond de l'abîme que nous posons les fondations de notre vie nouvelle, c'est de cet état de noirceur que jaillira la lumineuse leçon d'apprentissage que nous avons à tirer de ce décès.

> *La douleur n'est pas là pour vous rendre malheureux, la douleur est là pour vous rendre plus conscient.*
>
> Osho

Un sens à la mort

La vie ne sera jamais plus pareille après la mort d'une personne que l'on a aimée. Nous savons que tôt ou tard nous aurons à affronter cette fatalité qu'est la mort. Aucune espèce n'est immortelle, mais l'humain est sûrement la seule espèce à l'appréhender, sans même qu'elle n'ait revêtu sa longue robe noire, signe que le temps est désormais venu de se départir de cette enveloppe corporelle. La mystérieuse et inquiétante mort voyage souvent avec ses comparses nommés peur, souffrance et doute et son spectre inflige, à tous ceux qui la voient comme ultime finalité, la frayeur de sa venue, si lointaine puisse-t-elle être. Comment ne pas se questionner sur la mort, une des seules certitudes de ce monde qui, aussi paradoxal que cela puisse être, engendre tant d'incertitudes?

Malgré toutes les recherches scientifiques, ésotériques, spirituelles et religieuses qui ont été faites, il n'en demeure pas moins qu'aucune preuve irréfutable de la vie après la mort et de la réincarnation n'ait encore été étayée pour convaincre les plus sceptiques des sceptiques. Que faire alors pour amadouer la mort ou du moins pour amoindrir ses effets si troublants? Je crois que c'est en lui donnant un sens et en comprenant réellement le rôle qu'elle joue dans notre existence. Elle n'est plus la douloureuse inconnue ravisseuse du souffle de vie. Elle prend plutôt des allures d'enseignante fort subtile. Selon la théorie bouddhiste, la vie et la mort se présentent comme un cycle sans fin composé de quatre étapes: la vie, le processus de la mort incluant la mort, la période après la mort et la renaissance.

Ainsi, la vie présente prépare à la mort future et la mort tisse la toile de la prochaine vie. Chacune des étapes fournit des occasions d'accroître notre conscience et d'amplifier notre vision. Le cycle de la vie et de la mort sert donc exclusivement à notre évolution, à notre perfectionnement. En fait, notre mission d'âme est de devenir meilleur, de transition en transition, pour se rapprocher toujours plus de la perfection, d'où nous sommes tous issus. Ce retour à la source s'effectue à la fois selon le plan personnel de l'âme qui apprend et expérimente à son propre rythme, mais également selon le plus grand canevas que constitue la Vie elle-même. Tout cela à l'image des poupées russes qui s'emboîtent à la perfection les unes dans les autres.

Après un passage sur Terre, l'âme pose un regard sur les actions qu'elle y a accomplies, non point pour porter un jugement accusateur, mais simplement pour observer ses apprentissages. De l'autre côté, le mental n'a plus d'emprise et l'âme peut librement constater la portée de ses actes. Ces observations lui permettront de se préparer à sa prochaine vie. Si les leçons qu'elle s'était fixé d'apprendre n'ont pas été intégrées, elle reviendra les vivre à nouveau dans un autre rôle composé à cette fin. Et lorsqu'un apprentissage est terminé, l'âme en détermine d'autres qui sont aussi nécessaires à son évolution. Ce processus d'introspection coule tout aussi naturellement que la respiration. Il constitue un réel besoin de l'âme et n'est donc pas une étape redoutable ou redoutée. Il est guidé par les forces de l'amour et n'a d'autres buts que de servir l'avancement de l'âme vers la Source d'amour infini, vers Dieu.

Certaines âmes ressentent même le besoin de partager cette compréhension avec leur famille terrestre pour les aider eux aussi à comprendre et à cheminer. Suzanne m'a accordé le privilège de me communiquer cette autocritique fort constructive, dont voici le récit.

Un regard sur soi

Un soir, en vérifiant mes courriels, j'ai appris que Suzanne, une connaissance d'une amie avait peut-être besoin de mon aide pour faire le passage vers la Lumière. Elle s'était enlevé la vie quelques jours auparavant. Évidemment son entourage en était consterné. Et dans ces circonstances de décès, on s'inquiétait de son ascension. Allait-elle bien dans l'au-delà ? Était-elle seule et isolée ? Avait-elle besoin d'aide ? Fidèle à mon habitude de me rendre disponible aux âmes qui ont besoin d'aide, je me suis mise à la disposition de Suzanne en lui signifiant que si elle souhaitait que je lui rende service, j'en serais honorée.

Quelques jours plus tard, j'ai senti une belle présence en méditant. J'ai demandé à cette âme de s'identifier et le prénom de Suzanne s'est fermement installé dans mon cœur. Je la voyais entourée de deux Êtres de Lumière qui dégageaient beaucoup de sagesse et de bonté. Comme je l'ai déjà mentionné plus haut dans d'autres expériences, je ne distinguais pas leur apparence d'une manière claire, mais seulement comme une masse à peine visible, tellement elles se fondaient à l'éclat lumineux du décor. C'était encore une fois une forte impression, voire même une certitude de leur présence qui m'a envahie. Sentant que je m'attardais sur eux, Suzanne a débuté la conversation en me racontant qu'ils étaient là pour l'aider à comprendre l'expérience qu'elle venait de vivre. Ces mots qu'elle me transférait au cœur portaient tout le réconfort et le bonheur de Suzanne de savoir que ces merveilleux Êtres l'accompagnaient dans sa démarche de compréhension.

Ensuite, elle m'a expliqué, sur un ton empreint d'une telle douceur, qu'elle ne pouvait retourner à sa vraie famille avant d'avoir saisi les tenants et aboutissants de son passage sur Terre. Avant sa réincarnation, elle s'était fixé des apprentissages, qu'elle n'avait pas atteints. Elle ne pouvait donc retourner à la Lumière maintenant. Il était trop tôt et elle avait encore du travail à faire au préalable. Ici, le plus étonnant, c'était qu'il n'y avait aucun regret, aucune culpabilité ni même d'amertume dans ses gestes et ses paroles. Tout en elle exprimait ainsi la perfection des événements qu'elle vivait. Il n'y avait eu aucune faute grave commise, simplement un apprentissage non assimilé. Pourtant, il lui aurait été facile d'éprouver ici du ressentiment se sachant privée des siens pour un moment. Mais non, il n'y avait de place qu'à l'espoir et à la compréhension.

Puis, l'échange s'est poursuivi. Elle m'a dit que ses actions sur Terre ne lui avaient pas permis d'apprendre à transcender le mal de l'âme qu'elle avait à expérimenter. Je comprenais tout le sens de ce mal dont elle parlait sans même qu'elle n'ait à le décrire, comme si les mots portaient avec eux toute la souffrance qu'elle avait éprouvée. Je savais que cette douleur profonde en son cœur faisait référence à la séparation d'avec sa famille céleste lorsqu'elle était sur Terre. Je comprenais alors toute la solitude et le manque que Suzanne avait ressentis lors de son incarnation. Elle n'avait pas su « guérir » de ce mal en apprenant à se relier à son âme pour trouver le réconfort tant cherché et elle allait donc devoir revenir pour intégrer cette leçon. Elle m'a dit qu'elle comprenait maintenant que les émotions difficiles qu'elle avait vécues sur Terre étaient en réalité au service de cet apprentissage. Naître avec le mal de l'âme dans le but de découvrir sa vraie nature représentait un gros contrat qu'elle n'avait pas exécuté pendant ce voyage, mais l'expérience acquise pendant celui-ci allait lui servir à sa prochaine excursion terrestre. Ces mots affluaient vers mon cœur sans l'ombre d'un jugement ou d'un sentiment d'échec. Ils se voulaient un simple constat pour orienter la prochaine vie.

Et de fil en aiguille, elle m'a raconté que, toute jeune, elle avait déjà envie de retourner avec sa vraie famille. Elle m'a dit qu'elle avait même failli mourir alors qu'elle était en bas âge. J'ai cru comprendre que c'était d'une maladie et je percevais subtilement en elle une santé plus fragile lors de son enfance. Cette information venait de m'être livrée à titre d'indice pour son identification, j'en étais certaine à ce moment. Ce mal de l'âme si profondément enraciné en elle l'avait poussée à se réfugier dans la drogue pour faire taire la douleur insupportable du vide.

Suzanne souhaitait maintenant offrir un message à une amie thérapeute qu'elle avait consultée quelque temps avant sa mort dans une tentative d'alléger sa douleur. En soupesant ses mots, elle me précisa que cette amie n'avait aucun reproche à se faire quant à sa mort. Elle l'envisageait bien avant de la consulter. Elle avait pensé que les traitements de cette dernière feraient disparaître à jamais sa douleur, mais elle avait réalisé que cela était aussi de la fuite. Pour que la souffrance cesse, elle devait y faire face. Et rien ni personne ne pourrait lui enlever cette obligation ni le faire à sa place.

Dans les derniers temps, Suzanne n'avait plus la force d'affronter ce grand défi. J'ai senti beaucoup d'amour à l'égard des gens qui l'ont entourée de notre côté du voile. Elle m'a alors dit qu'elle devait vivre ces moments difficiles. C'était son choix d'âme et son âme sait maintenant que c'était un contrat fort exigeant. Elle réalise qu'elle n'a pas réussi à voir la Lumière qui lui aurait permis de combler ce vide qui l'habitait depuis ses débuts sur Terre, mais cela faisait partie intégrante de la leçon. Avec une honnêteté déconcertante, elle m'a avoué que c'étaient ses choix qui l'avaient menée à s'enlever la vie et non les actes de ceux qui l'avaient accompagnée sur cette route sinueuse. Sur ces paroles, j'ai ressenti à quel point elle voulait rassurer ses proches. Elle désirait réellement qu'ils sachent les motifs de son départ pour chasser toute trace de culpabilité en eux. Personne n'était à blâmer, son expérimentation sur Terre avait été telle qu'elle devait être et elle servait à redéfinir les balises de sa prochaine vie à venir.

Quelques heures après cette communication, j'ai commencé à la mettre par écrit, et encore une fois, le vocabulaire restreignait la portée de l'expérience vécue avec Suzanne. J'avais peine à exprimer l'ampleur de la compassion et de l'amour qui régnait en sa présence. Difficile d'imaginer qu'on puisse ainsi faire fi de tout jugement après notre mort ! Suzanne désirait offrir à ses proches des explications sur les motifs de sa mort pour qu'ils sachent, qu'ils comprennent mieux, qu'ils acceptent son départ sans aucun remords. Grandiose cadeau d'amour, ces informations révèlent la grande générosité de Suzanne et sa grande sensibilité ! C'est donc avec beaucoup de reconnaissance envers Suzanne, pour m'avoir permis de vivre avec elle ces précieux moments, que j'ai rédigé le plus fidèlement possible les mots qu'elle m'a transmis.

La signification... un présent inestimable

Ainsi, dans les deux communications présentées dans ce chapitre, Marie-Claude et Suzanne désiraient faire don du sens de leur mort, un sens plus vaste que la vision terrestre, celui qui existe dans l'au-delà. Il m'apparaît important ici de souligner que ce désir de donner des explications est un point commun à plusieurs communications que j'ai eues. Sans en faire une généralité, je crois qu'il exprime un besoin de l'âme pour pouvoir poursuivre sa route plus légèrement, sachant qu'en bas ses proches saisissent mieux la portée de cet adieu. Puisque les liens ne sont pas rompus avec la mort, l'âme ressent les inquiétudes, les tourments, la culpabilité chez ses amis incarnés qui n'ont pas accès à une compréhension plus globale. Mais, sans nier la douleur liée à son départ, elle voit que celle-ci est amplifiée par l'incompréhension de la mort en général ou de sa propre mort. Il lui importe alors de trouver une voie pour mettre fin à cette souffrance inutilement accrue, car elle sait que sa mort est l'élément déclencheur d'un apprentissage crucial.

Ce nouvel éclairage arrive comme une brise inattendue et insuffle tant d'espoir à ceux qui le reçoivent ! Le deuil de l'être aimé prend une autre tournure pour se transformer en seuil qui mène vers d'autres horizons. Ces éléments de compréhension si généreusement offerts ouvrent la voie vers l'autre dimension et initient les préparatifs du Grand Passage. Après avoir reçu une communication d'un être cher, on ne peut plus envisager la mort de la même manière. Une ouverture s'est ainsi créée pour laisser place à l'espoir, à la continuité. Et la vie elle-même prend une nouvelle direction. Elle ne sert plus uniquement à atteindre les objectifs d'une enveloppe corporelle limitée dans le temps, mais elle participe à l'évolution d'une âme en continuel apprentissage, qui elle-même œuvre à un immense développement collectif.

Les explications de Marie-Claude et de Suzanne sont de riches enseignements qui se devaient d'être partagés pour un plus grand bénéfice. J'ai senti leur belle présence tout au long de la rédaction de ce chapitre pour m'assister, me guider et faire surgir les mots appropriés. Elles ont usé de tant de sollicitude pour transmettre leur message que j'aimerais leur faire don de ma gratitude et de mon amour !

Chapitre 8

Un coup de main

> *Ne crains pas mon homme, je suis avec toi. Le vent souffle fort sur ta vie et je sais à quel point tu t'agrippes fort à l'arbre et toute la douleur que tu ressens à cette résistance. Je n'ai pas de pouvoir sur ta vie autre que le pouvoir de t'aimer, cher Yan. Et crois-moi, j'exerce ce pouvoir à chaque instant de ta vie.*
>
> Marjolaine Caron,
> *Je vous donne signe de vie*

Un souvenir d'enfance déterminant

C'est avec la grande exaltation de mes six ou sept ans que, par un beau samedi matin d'été, nous nous apprêtions, ma famille et moi, à partir en vacances. Mais avant de nous rendre dans ce lieu de villégiature tant espéré, il fallait d'abord faire une course. À cette époque, les facilités bancaires d'aujourd'hui n'existaient pas et ma mère avait en conséquence, retiré tout l'argent nécessaire à ce voyage la veille de notre départ. Mon père a stationné la voiture devant le commerce où ma mère devait faire son emplette et, avant d'en sortir, elle n'a conservé, dans son sac à main, que la monnaie nécessaire pour son achat du moment. Les quelques minutes qu'a duré cette course nous parurent à mon frère et à moi, interminables, car il y avait foule tous les samedis matin à cet endroit. C'est donc dans une euphorie et dans de grands éclats rires et d'exclamations que nous sommes enfin partis.

Un moment plus tard, nous étions arrivés sur la grande route, comme on l'appelait en ce temps-là! Nous avons alors entendu ma mère s'écrier: «Arrête, je ne trouve plus l'argent!» Rapidement, mon père s'est rangé sur l'accotement et ma mère a littéralement retourné la voiture dans tous les sens pour retrouver les économies d'une année entière allouées aux vacances d'été. Rien, pas une trace, pas un froissement de billet et nous étions déjà à plusieurs kilomètres du magasin si achalandé. La panique et le désespoir se lisaient dans les yeux de ma mère. Malgré mon jeune âge, j'avais pu en comprendre toute l'ampleur. Si on ne retrouvait pas cet argent, le voyage tirait dès à présent à sa fin.

Nous avons rebroussé chemin pour continuer les recherches près du commerce où ma mère avait effectué son emplette. Ma mère s'est alors adressée à mon grand-père paternel décédé quelques années auparavant et lui a dit haut et fort: «Monsieur Ouellet, on a besoin de vous. Aidez-nous à retrouver cet argent. Vous savez combien nous en avons besoin». Ensuite, mes parents ont échangé quelques mots pendant le trajet et nous sentions la tension dans leur voix. Il fallait récupérer cette liasse de billets qui était sûrement tombée sur le sol lorsque ma mère est sortie de la voiture. Les espoirs étaient minces, car l'achalandage de cet endroit laissait plutôt présager la disparition de ce magot assez tentant pour un passant. Mais, une petite lueur d'espoir vacillait encore et elle était personnifiée par mon grand-papa Henri. Mes parents s'y accrochaient de toutes leurs forces.

Arrivés en face du commerce, le même stationnement que nous avions eu précédemment était disponible. Ma mère a ouvert sa portière et a tendu le pied pour débarquer. Regardant où elle atterrissait, ses yeux se sont alors posés le long de la chaîne de trottoir. Incroyable! Les différentes coupures étaient toutes là entourées de l'élastique, telles qu'elle les avait placées avant d'aller faire sa course. Ma mère a fondu en larmes et a remercié grand-papa. À ce moment, dans la voiture, mes parents, mon frère et moi savions au fond de nous que grand-papa nous avait aidés, non pas en changeant le cours des événements, mais par son soutien et son amour. Nous l'avions tous senti.

Évidemment, cette histoire peut être interprétée de bien des façons. Le hasard, la chance ou toute autre coïncidence pouvaient bien être au rendez-vous en ce beau samedi matin. Cependant, pour moi, ce fut un événement marquant, car j'avais ressenti la présence de grand-papa Henri. À partir de ce jour, je savais que je pourrais toujours compter sur lui pour m'épauler en cas de besoin. Et comme mes parents, j'ai si souvent fait appel à lui. Évidemment, ma longue liste de désirs d'enfant n'a pas été épuisée du simple fait de la transmettre à mon grand-père. Cela n'aurait pas été un réel service que de combler toutes mes attentes. Il valait beaucoup mieux que j'affronte l'adversité en sentant qu'une force plus grande que la mienne, insufflée par mon grand-père, était là pour m'accompagner jusqu'au bout. Ainsi, sa présence rassurante s'est manifestée dans les moments les plus cruciaux de ma vie, ceux où le coup de pouce était réellement requis.

Ma foi en sa présence n'a jamais flétri lorsque les événements ne tournaient pas de la manière dont je le souhaitais tant. Il y avait une telle conviction dans mon cœur que ni les déceptions ni les frustrations ni les incompréhensions ni les découragements ne pouvaient me faire douter du soutien intangible de mon grand-père. Certains diront que c'est cette conviction ou la foi en une force quelconque qui m'a fait avancer vers l'inconnu ou passer à travers des moments difficiles. Cependant, je peux comparer maintenant, après avoir senti la présence dans mon cœur de plusieurs âmes; les sensations que j'éprouvais alors en m'adressant à grand-papa Henri, et celles ressenties en communiquant avec les âmes se ressemblent drôlement. Je n'ai pas d'autre preuve que la certitude d'avoir reçu son appui. Il n'y a que mon ressenti pour en témoigner et sa similitude avec celui vécu lors de mes expériences d'accompagnement qui constituent la base de ma conviction.

La collaboration se poursuit

Des histoires comme celles-là, il en existe une multitude, car sur l'autre rive, le désir ardent des âmes de contribuer à l'avancement de leurs frères et sœurs d'en bas constitue un mouvement aussi naturel que la respiration chez les habitants de la Terre. De l'autre côté des choses, il y a donc plusieurs âmes prêtes à nous donner un coup de pouce, mais il faut prendre garde de les voir comme une béquille ou comme la solution magique à tous nos problèmes. Jamais les âmes ne peuvent prendre sur elles nos difficultés; elles ne peuvent que supporter nos actions, par leur amour. Elles inspireront également nos choix et nos décisions par la transmission d'une partie de leur savoir, mais elles ne règleront aucune situation conflictuelle à notre place. Elles nous envelopperont de tout leur amour, mais elles ne nous donneront pas des solutions toutes faites, car cela constituerait une obstruction à notre libre arbitre.

Les âmes connaissent l'importance de l'expérimentation sur la Terre et savent que les apprentissages qui en découleront sont l'ultime but de la vie; alors elles ne peuvent s'immiscer pour changer ou influencer le cours des choses, car alors il ne s'agirait plus d'aide, mais d'une nuisance retardant notre cheminement. N'enseignons-nous pas à nos enfants l'importance d'apprendre par eux-mêmes? À l'instar des âmes et des Êtres de Lumière, nous refusons d'agir à la place de nos enfants pour qu'ils forgent, par l'expérimentation, leur être en devenir. Nous leur offrons, cependant, notre assistance et notre amour pour faire face à la musique. Il en est de même pour ceux qui sont de l'autre côté du voile. Leur présence réconfortante supporte nos actions quotidiennes même si nous n'en percevons pas toujours les effets subtils.

Les pulsions soudaines, les montées d'énergie, l'inspiration inattendue, les éclairs de génie ou encore certains rêves inspirants sont des manifestations d'aide provenant du ciel pour faciliter un passage, une transition que nous avons à vivre. Nous pouvons donc être certains que d'en haut, les âmes qui nous ont autrefois côtoyés nous épaulent avec tout leur amour inconditionnel. Voici une autre très belle rencontre que j'ai eu l'opportunité de vivre et qui fait foi de la collaboration possible entre les mondes.

Une mère en pleurs

Je vais rarement au parc près de chez moi après le souper, ce moment étant réservé à la routine familiale, mais ce soir-là, il faisait si beau et je sentais l'impulsion de sortir de la maison. Mes enfants en étaient ravis, évidemment. Je m'amusais donc au parc avec eux, lorsque deux dames sont venues à moi. L'une d'elles m'a questionnée sur les environs, les maisons à vendre, le voisinage. Elle cherchait un développement domiciliaire occupé par de jeunes familles pour s'établir avec son fils. Après lui avoir indiqué quelques maisons qui, à ma connaissance, étaient à vendre, elle est partie jeter un petit coup d'œil au quartier.

Me tournant alors vers l'autre dame, nous avons continué la conversation avec les allures superficielles d'une discussion courante entre deux inconnues. Elle m'a dit qu'elle demeurait à l'extérieur de la ville, qu'elle était divorcée et qu'elle cherchait, elle aussi, un logement. Puis, sans que je m'y attende, elle m'a raconté des événements troublants de sa vie. Sous les mots prononcés par cette dame, j'éprouvais la lourdeur de la peine qu'elle portait depuis la mort de sa fille, cinq ans auparavant. Impuissante devant tant de souffrance, l'écoute devenait la meilleure contribution que je pouvais lui procurer en ce moment précis. Après ces cinq longues années de deuil, elle était encore dévastée par la perte de sa fille. Ses paroles transportaient le fardeau du refus, de la colère, de la culpabilité et du déchirement. Mais comment une mère peut-elle accepter sereinement qu'une partie d'elle-même s'enlève la vie ?

Que pouvais-je faire pour la soulager de sa détresse ? Seul mon cœur pouvait venir à ma rescousse afin de me guider dans un élan de compassion à être, à dire et à faire ce qu'il fallait. Des mots qui ne m'appartenaient pas se sont envolés vers son cœur pour la bercer et la consoler. J'étais soutenue par une force qui me dictait au fur et à mesure, les phrases à transmettre à cette dame. Comme j'aurais voulu l'épauler plus que pendant ce court moment ! La sensation d'impuissance m'a habitée toute la soirée. Je lui avais offert mon cœur et c'était ce que je pouvais faire de mieux. Toutefois, la volonté de l'aider à transformer ces émotions qui la rongeaient en un feu qui la propulserait vers le bonheur, me poussait à voir ce que j'aurais pu faire de plus. Probablement rien, mais qui sait ? Il me restait à prier pour elle et à demander qu'on la guide vers sa guérison. Puis, je l'ai entourée d'une bulle d'amour et de paix. Sentiment d'impuissance envolé, je me suis endormie avec l'esprit et le cœur légers.

Au lever, j'étais rayonnante et prête pour ma méditation quotidienne. À peine, avais-je terminé l'étape de l'enracinement qu'un cercle lumineux m'est apparu au niveau du troisième œil. Eh oui ! je le sentais j'avais encore une fois de la belle visite ! « Qui est là ? » demandai-je aussitôt. Une belle jeune fille blonde m'apparut. Je n'avais aucune idée de l'identité de cette demoiselle. Son visage était un peu flou et aucun indice ne me faisait la reconnaître. Et je lançai en mon cœur l'interrogation suivante : « Qui es-tu ? » Mes souvenirs de la dame du parc étaient déjà loin, alors je n'ai pas immédiatement fait le lien avec elle. C'est en voyant apparaître son visage près de la jeune fille, que j'ai compris qui s'annonçait à moi ce matin-là.

Je me souviens d'avoir engagé une longue conversation avec cette belle adolescente au cœur tendre dont seule l'essence m'est restée au retour. Elle m'a parlé de ses émotions de culpabilité face à la souffrance infligée à sa mère. Ces émotions la retenaient jusqu'à ce jour et l'empêchaient de continuer sa route. Elle m'a également dit qu'elle venait de faire la paix en elle. Cette lourdeur qui freinait son ascension s'était envolée et elle était fort ravie que je l'accompagne de l'autre côté du tunnel. Sans hésiter, elle a pris ma main et nous avons suivi le courant énergétique nous menant à la Lumière.

Je lui ai dit : « Te voilà rendue. Maintenant que tu t'es libérée de ces émotions qui t'enchaînaient à la Terre, peux-tu aider ta mère à se libérer de sa douleur ? Fais-lui signe pour qu'elle comprenne que tu es bien, là où tu es. Aide-là à comprendre et à accepter ton départ. Ton amour lui permettra de sécher ses larmes. » Je la sentais si bien et si légère, et la joie de pouvoir transmettre ce bien-être à celle qui l'avait accueillie en son sein lors de son court passage terrestre amplifiait sa grâce.

Une fois de plus, toute cette conversation était imprégnée d'un amour profond qui dépassait l'entendement humain. Bien que j'eusse souhaité sincèrement du secours pour cette dame, jamais je ne me serais doutée que cela se ferait avec mon concours. Je n'avais pas besoin de revoir ces gens pour savoir que ma mission était accomplie. Une certitude absolue s'est installée au fond de mon être et un moment de paix si doux m'a enveloppée.

De l'aide à profusion

De cette expérience, il me restait maintenant une compréhension plus profonde de ce que j'avais si souvent expérimenté avec grand-papa Henri. Il m'apparaissait plus clair que jamais que, de l'autre côté, les âmes volent littéralement à notre rescousse. Leur amour constitue le pont nécessaire pour franchir les barrières d'énergie nous séparant d'eux. Ce privilège d'assister à ce bel et profond échange m'a fait réaliser que peu importent les circonstances, nous ne sommes jamais seuls. Cette dame si désemparée ne voit peut-être pas encore la présence de sa fille, elle ne la sent probablement même pas non plus. Mais, cela n'empêche pas l'âme de sa fille de l'accompagner et de la soutenir pour l'aider à voir la Lumière en elle et donner un sens à cette mort si douloureuse. Une chose est certaine pour moi, l'amour de cette jeune fille trouvera une voie pour atteindre le cœur de sa mère. Dès lors, le poids de son fardeau sera allégé.

Les ressources sont donc là à profusion pour que notre passage sur Terre soit facilité. Chacun de nos pas est supporté, chacune de nos larmes est essuyée et chacun de nos sourires est béni. Les âmes connaissent ce que l'incarnation exige comme effort et énergie. Alors, d'emblée, elles désirent offrir, en guise de support, leur amour et leur compassion. Et cela est un moteur assez puissant pour que nous soyons capables d'en sentir les effets ici bas. Réussir à dialoguer avec les âmes représente un cadeau inestimable, mais ce n'est pas l'ultime forme de communication à atteindre. Les formes de contacts varient en degrés de subtilité qui peuvent aller d'un pressentiment à une certitude profonde. Ce qui importe est de pouvoir reconnaître et apprivoiser ces nouvelles communications qui se présentent à nous. Voici un exemple.

Deux fois plutôt qu'une

Isabelle, une amie à qui j'avais raconté l'expérience de grand-papa Adrien, me demanda un jour de voir si son grand-père Jean, décédé quelques mois plus tôt, avait besoin d'aide. Elle ressentait souvent sa présence sans véritablement en comprendre les motifs et au même moment elle pensait à moi. Peut-être avait-il besoin d'aide pour franchir le tunnel ? avait-elle émis comme hypothèse. J'acceptai donc de me mettre à la disposition de son grand-père, mais ne lui promis aucun résultat. Elle me fit parvenir une photographie pour que je puisse le reconnaître. En la regardant, je me suis adressée à lui et je lui ai offert mon aide. Puis, je me suis mise en mode attente.

Quelques jours après, lors d'une méditation, je vis apparaître le visage d'Isabelle. Instinctivement, j'ai demandé s'il s'agissait de grand-Papa Jean. Sa présence s'est confirmée par l'apparition de son visage, que j'ai pu reconnaître grâce à la photo. Je le sentais loin de moi. Il me semblait plus distant que les autres âmes que j'avais accompagnées auparavant. Après une brève conversation, je lui ai demandé s'il voulait que je l'accompagne jusqu'au tunnel. Puisqu'il acquiesçait, j'ai pris sa main et nous sommes montés. L'ascension m'a paru courte et les vibrations ressenties étaient moins intenses qu'à l'habitude. Arrivés de l'autre côté du tunnel, nous nous sommes dit au revoir. Puis, j'ai pris le chemin du retour en me demandant si cela avait bel et bien eu lieu. Au même moment, le grand-père d'Isabelle est revenu, car il désirait que je le dise à Isabelle qu'il était bien là où il était et qu'il avait fait la paix avec son gros secret. Il a également ajouté qu'elle saurait de quoi il s'agissait, car il le lui avait révélé au cours d'un rêve.

Au retour, je me suis demandée si je n'avais pas imaginé tout ça, car mon corps n'en conservait aucune trace, pas même de petites palpitations. J'ai donc décidé de ne pas informer Isabelle de cette communication de peur d'avoir une imagination un peu trop fertile. Cependant, je n'arrêtais pas d'y penser. J'étais hantée à l'idée de garder cette information pour moi et tourmentée du simple fait d'en parler à Isabelle de peur de m'être trompée. N'en pouvant plus de sentir cette oppression au niveau du cœur et de la gorge, je lui ai finalement rédigé un courriel en lui expliquant mes états d'âme.

Étrangement, dès que j'ai eu appuyé sur la touche « Envoi » de mon clavier, toute la pression intérieure a disparu, comme si elle était partie avec le message. J'ai alors compris que cette communication ne m'appartenait pas. Je ne pouvais donc pas la garder. Ces jours de tourments m'ont servi une belle leçon. Tout comme le postier délivre les enveloppes sans juger de la pertinence du message ou de la compréhension qu'en aura le destinataire, je devais rendre les communications telles quelles, sans jugement ni discrimination.

Isabelle était ravie de savoir son grand-père dans la Lumière. Cela lui confirmait, du même coup, que les intuitions qu'elle avait eues à son sujet étaient justes. Puis, elle m'a avoué ne pas savoir ce qu'était le secret dont son grand-père parlait. Cela ne me rassura pas beaucoup. Je savais qu'il ne fallait pas comparer les expériences de communications entre elles, car elles sont toutes uniques. Toutefois, mon ressenti n'était pas comme à l'habitude et cela m'inquiétait; de plus, cette incompréhension de la part d'Isabelle me laissait encore plus perplexe. Le grand-père d'Isabelle m'avait offert un nouveau vécu et mon petit côté sceptique n'avait pas dit son dernier mot, comme si je sentais au fond de moi que l'histoire ne pouvait s'arrêter là. Une sensation impalpable et innommable m'habitait discrètement et je ne savais pas à quoi l'attribuer : au doute ou à l'intuition. Une fois la question lancée, il ne me suffisait que d'être attentive pour capter la réponse. Elle viendrait un jour ou l'autre, j'en étais persuadée.

J'avais demandé de trouver réponse à ma question en toute simplicité, mais encore une fois la magie grandiose de la Vie s'est manifestée en dépassant toute attente. Un jour, je venais de terminer l'exercice d'enracinement lorsqu'une vive lumière blanche m'a éblouie. Accueillant cette manifestation avec amour, je lui ai laissé le soin de se présenter. Sans autre formalité que l'échange d'énergie de cœur à cœur, j'ai reconnu le grand-père d'Isabelle. Son amour irradiait et m'enveloppait. Il m'a souri et, toujours par le ressenti du cœur, il m'a dit que je n'avais pas à douter de l'aide que je lui avais apportée. Il était chez lui maintenant et il m'a remercié de l'avoir accompagné. Il m'a également demandé de transmettre un autre message à Isabelle.

Une grande conviction est alors montée en moi et il fallait maintenant que je porte une attention toute spéciale à ses propos pour les livrer à Isabelle dans toute leur importance. Son grand-père m'a dit avec insistance qu'il fallait qu'elle comprenne la similitude de leur expérience mutuelle de vie. Son discours d'une grande bonté laissait percevoir les liens profonds qui l'unissaient à Isabelle. Cette dernière devait chercher de ce côté pour comprendre la véritable signification des événements qui la bouleversaient actuellement. Il a répété qu'en trouvant le fil conducteur entre eux, elle trouverait un sens plus significatif aux événements de sa vie. Puis, comme un feu qui se consume lentement, cette éclatante lueur s'est dissipée, me laissant flotter dans une atmosphère de tendresse.

Je connaissais Isabelle depuis quelque temps et nous avions souvent discuté de la médiumnité et de tout ce qui s'y rattache ainsi que de nos cheminements respectifs dans le domaine. Mon mental s'est donc empressé d'associer le message avec les éléments qui m'étaient connus de la vie d'Isabelle. Quel étonnement de constater que le sens du message n'allait absolument pas dans cette direction ! Il était lié à un tout autre domaine de la vie d'Isabelle, celui-là beaucoup plus intime dont j'ignorais l'existence. J'avais eu si peur de ne pas rendre le message de façon claire et nette que je m'étais fait un devoir d'y rattacher des explications logiques, d'y trouver une interprétation sensée à mes yeux. Toutefois, après avoir discuté plus longuement avec Isabelle et compris la portée de l'information livrée par grand-Papa Jean, j'ai réalisé qu'en ajoutant mon grain de sel, j'outrepassais nettement le mandat qu'on m'avait confié. Je n'aurais jamais à comprendre la portée de tous les messages que je délivre, c'était désormais très évident. Le plus fantastique dans cette histoire, c'est que malgré ma perception erronée des propos de grand-Papa Jean que j'ai transmis à Isabelle, elle a quand même pu en tirer le sens qui lui servirait à cheminer. Du travail grandiose s'était accompli derrière les mots que j'avais livrés pour que le but de grand-papa Jean soit atteint. J'en demeure encore ébahie !

L'effet boule d'amour

Ce qui m'émerveille le plus avec l'aide provenant de l'au-delà, c'est l'effet boule d'amour résultant de ces manifestations, lequel effet est comparable à une balle de neige qui dégringole une pente. En voulant aider un proche, une âme offre un petit coup de pouce par le biais de sa compassion et de son amour. Et voilà qu'elle roule jusqu'au destinataire et vient se répercuter sur les autres autour de lui. Dès qu'elle atteint une personne, cette balle grossit de plus en plus. Elle touche alors, dans sa course, d'autres gens au passage, qui, à leur tour, contribuent à faire grandir cette sphère d'amour lancée d'en haut. La jeune fille adolescente blonde voulant aider sa mère en pleurs et grand-papa Jean avaient l'intention de donner un coup de pouce à une personne qui leur était chère. Ils m'ont ainsi contactée pour y parvenir. Ils m'ont ainsi permis d'être touchée par leur grande générosité. En racontant maintenant ces histoires, la boule d'amour continue sa trajectoire pour atteindre encore d'autres gens.

L'aide qu'ils désiraient tous deux apporter est donc en réalité bien plus grande que la portée qu'on peut voir ou même imaginer ici-bas. Pour ceux qui la reçoivent, elle est un baume, un espoir, un nouveau souffle même. Par exemple, France, la fille de Simone[1] a vu dans le message de sa mère tout l'amour qui se cachait en elle lors de

---
1. Voir chapitre 6, page 101.

son passage sur Terre. Quand je lui ai demandé quel effet avait eu la communication de sa mère sur elle, voici ce qu'elle m'a répondu :

> « Pour être très honnête avec toi, dès que j'ai eu terminé la lecture du message, ma première réaction fut l'incrédulité. Parce que tu vois, ma mère n'était pas du genre à livrer ses états d'âme à qui que ce soit. Ça ne lui ressemblait pas, ces paroles. Elle était une très bonne personne, mais vois-tu, je crois qu'en général les gens de sa génération n'avaient pas beaucoup d'ouverture et ne faisait pas de démonstration d'affection envers leur famille proche. Chez nous, c'était comme ça. J'ai lu et relu ce message plusieurs fois et j'ai compris combien il doit être grand son bonheur là-haut puisqu'elle a été enfin capable de livrer tout ce que son cœur gardait enfermé en lui. »

De mon point de vue, toutes ces manifestations d'aide sont de précieux enseignements à mettre en pratique. Elles m'apprennent à chaque fois à me découvrir, à me connaître et à comprendre une autre facette de mon âme que j'ignorais jusque-là. Elles servent également à m'apprendre un peu plus chaque fois les grands mystères de la communication entre les mondes. Enfin, pour ceux qui liront ce partage, cette aide aura des effets fort différents mais qui se répercuteront inévitablement aussi sur leur entourage.

Ce résultat exponentiel me fascine et m'émeut. Et il me fait prendre conscience que chaque petit grain d'amour qui s'ajoute à la boule contribue à la rendre plus ample et plus efficace dans sa course. Nous sommes tous de petits grains d'amour et même tout petit, il n'y a aucune gêne à se joindre à la grande balle. Au contraire, quelle joie de se sentir partie prenante de cet essor ! Plus encore, cette joie se décuple en regardant l'espoir naître dans les yeux de ceux qui ont été touchés au cœur par cette boule d'amour. Je me sens si gratifiée de prendre part à ces boules d'amour lancées par des âmes que je souhaite sincèrement à tous d'y participer et de vivre ces exaltantes sensations ! Faisons donc germer ces graines de possibilités en nous. Mon souhait le plus cher serait que tous les êtres humains arrivent à découvrir cette grande source de bonheur en eux.

Ce que la mort nous réserve

Quand tout ça sera fini
Quand le monde s'en ira
Quand le grand rideau gris sur moi tombera
Quand tout ça sera fini
Quand le temps s'arrêtera
Quand la scène de ma vie se démontera
J'ai peur que le ciel m'oublie
J'ai peur qu'on ne m'ait rien promis
J'ai peur que tout soit vraiment fini
Dis-moi que ça continuera
Dis-moi que tu seras toujours là
Dis-moi que c'était pour le mieux
Dis-moi qu'après la mort c'est l'amour...

Extrait de *Quand tout ça sera fini*, composée par Stéphane Laporte, Antoine Sicotte et Karl Wolf

Oui, quand tout ça sera fini, la vie continuera et il y aura toujours quelqu'un pour nous de l'autre côté des choses si nous laissons la flamme de notre cœur allumée par cet espoir. Chaque voyage ici-bas constitue une expérience enrichissante et un avancement pour notre évolution personnelle. Ainsi, tout est pour le mieux. Quand tout ça sera fini, c'est l'amour sans frontière, sans barrière et sans masque qui nous attendra. Cet amour infini existe bel et bien, j'en ai la conviction profonde à la suite des expériences vécues avec les âmes. Toute notre vie sert au fond à se préparer à retrouver cet état d'amour.

La peur du grand rideau gris et de ce qui existe après est un concept crée par notre mental qui ne réside que dans notre tête. Malgré son emprise bien réelle sur nous, elle peut aller jusqu'à nous enfermer sur nous-même et nous empêcher d'atteindre cette source infinie d'amour après notre mort. Cette phobie d'être seul et abandonné naîtra de nos pensées et de nos croyances. Cette grande peur commune à tous les êtres humains ne peut être vaincue que par la connaissance et l'ouverture du cœur. Nous espérons tous au fond de nous que l'amour sera là à la fin, mais l'incertitude causée par la mort provoque tant d'insécurités et de doutes. Il faut donc arriver à les vaincre pour que la suite du voyage se vive dans la légèreté et l'amour. Et seul le cœur sait, connaît et espère ce qui nous attend après tout ça.

En fait, tout ça ne finira jamais. Alors, c'est plutôt notre façon de voir les choses qu'il faut changer. C'est avec les yeux du cœur qu'il nous faut envisager la continuité de la vie. Elle est un cycle continu de naissances et de morts. Nous pouvons célébrer les naissances et pleurer les morts. Inversement, nous pouvons nous réjouir de la mort qui constitue un retour au bercail pour l'âme qui nous quitte et nous pouvons accueillir l'âme qui s'incarne en reconnaissant la peine qu'elle porte en son cœur à la suite de séparation qu'elle vit avec sa famille céleste. Certes, nous ne pouvons nier la douleur et la peine liées à la mort. En fait, ce n'est pas la mort comme telle qui est triste et douloureuse, c'est plutôt l'absence de l'être cher. Cette absence a ses effets indéniables sur nous.

Dans le réconfort de savoir que tout ça n'est pas fini, nous pouvons trouver la consolation. J'ai si souvent constaté et ressenti le baume au cœur que cela offre à ceux qui restent. C'est vraiment merveilleux de savoir que la vie a une signification tellement plus grande que les quelques années qui nous sont allouées dans notre enveloppe physique ! Et cette perspective change totalement le sens de ce départ pour l'autre rive.

TROISIÈME PARTIE :

LA MORT ET LA VIE : L'ALLIANCE DE L'AMOUR

> *L'homme devra naître à nouveau*
> *Pour voir le Royaume des cieux.*
>
> Jean, 3,3

Après avoir complété la deuxième partie du livre, je me suis questionnée sur ce que je pouvais maintenant faire pour que ces apprentissages servent à transformer notre façon de vivre un deuil. J'avais vécu la mort de mon grand-père d'une manière tellement grandiose que je ne voulais et ne pouvais plus conserver ces informations pour moi. Bien avant le décès de mon grand-père, je croyais à la vie après la vie, mais comme bien d'autres, j'avais toujours appréhendé d'être confrontée à la mort d'un être qui m'était cher, car, malgré tout, je la voyais sous l'angle de la perte qui emportait avec elle une partie de ma vie. Je redoutais donc cette souffrance.

Toutefois, le départ de mon grand-père m'a appris à voir la mort autrement. L'accolade d'amour inconditionnel vécue avec son âme dans le plan céleste m'a permis de voir au-delà de la perte physique pour me centrer dorénavant sur la continuité de cette relation si profonde. Ainsi, rien ne m'avait été extirpé lors du départ de grand-papa, mais un merveilleux cadeau venait de m'être offert. La mort n'était plus le sombre voleur tant redouté, elle se révélait généreuse en se présentant à moi sous un nouveau jour, les bras chargés de trésors inestimables de compréhension.

Cette mine d'informations ne pouvait pas être là simplement pour parler de la vie après la vie, mais également pour une autre finalité, celle d'apprivoiser la mort elle-même. Je sentais qu'il me fallait parler plus amplement de la mort et de la préparation à ce grand passage en me servant des précieux enseignements contenus dans mes communications avec les âmes désincarnées pour faire alliance avec elle au lieu de l'attendre pour la confronter. Ma petite voix me soufflait de plus en plus fort à l'oreille de mettre ces connaissances au profit des personnes endeuillées et de toutes les personnes qui désirent affronter la réalité de la mort afin de leur apporter, par ces mots, un soutien rempli d'espérance.

Et voilà qu'une nouvelle direction se dessinait. Il me semblait de plus en plus impératif de contribuer à faire en sorte que la mort soit vue comme le messager d'un merveilleux cadeau à venir et non un fardeau trop lourd à porter. Le vertige de l'inconnu se manifestait encore une fois, car il m'était encore très difficile d'imaginer les tenants et les aboutissants de ce nouveau mandat.

Une fois de plus, c'est en me questionnant et en demeurant réceptive que les réponses sont venues. Il me fallait plonger au cœur de cet univers fascinant des communications avec les âmes pour y trouver les leçons à transmettre. De nouvelles aventures m'attendaient, j'en étais convaincue et elles débutaient en face de mon clavier en me laissant guider par ces âmes si généreuses. L'écriture télépathique[1] était un processus que je connaissais maintenant pour l'avoir expérimentée à plusieurs reprises. Elle allait encore me servir pour cette nouvelle partie, il n'y avait pas de doute. C'était à la fois stimulant et fort angoissant, mais il ne servait à rien de me ronger les sangs. Il me fallait plutôt faire confiance à ces êtres merveilleux, de l'autre côté du voile, qui connaissaient déjà le chemin que nous nous apprêtions à prendre ensemble.

Jusqu'à ce jour, les messages que j'ai eus à livrer avaient été porteurs d'amour et d'espoir pour leurs destinataires. Ils leurs offraient un vif réconfort. Mais, au-delà de ce précieux baume, se présentait aussi un apprentissage important, caché et pratiquement invisible. Celui de ne plus jamais voir la mort comme une finalité, mais comme une continuité. Ces personnes qui ont pu obtenir une communication avec un proche décédé ne peuvent plus, en effet, nier

---

1. L'écriture télépathique est une des nombreuses facettes de la médiumnité. Elle se pratique en faisant le vide en soi pour permettre à l'inspiration divine de couler à travers notre canal, laquelle est immédiatement transcrite sur papier. Les mots nous sont littéralement dictés par l'âme ou l'Être de Lumière qui s'adresse à nous.

cette possibilité de la vie après la vie. Fortes de cette constatation, leur propre vision de la mort change, évolue. Subtilement, la préparation à leur propre mort s'installe. Ce n'est plus le vide et l'ultime fin qui les attend, mais plutôt une transformation, telle la chenille qui se prépare tranquillement à vivre la légèreté et la grâce du papillon.

La préparation à la mort ne se fait pas seulement lorsqu'on y est confronté, contrairement à cette habitude que nous avons développée en Occident en repoussant aussi loin que possible tout ce qui a trait à notre finitude. Il est important de comprendre que ce comportement de fuite face à la mort se reflète aussi dans tous les autres passages de notre vie. Si nous résistons au trépas, nous résistons également à la vie. La grande peur de l'inconnu liée à la mort se présente aussi au quotidien, sous d'autres visages, pour nous amener à vivre avec plus de confiance l'ultime transition de notre vie terrestre. Voulons-nous vivre ce passage de la mort le mieux possible avec l'espoir que ce qui nous attend sera une belle et enrichissante expérience ou préférons-nous fuir jusqu'à ce que nous soyons acculés au pied du mur? Nous avons tous la possibilité de faire en sorte que ces derniers moments soient moins affolants, moins paniquants.

Évidemment, il restera toujours une part d'inconnu liée à la mort dont il est difficile de se départir. Outre les grands maîtres qui arrivent à prévoir en toute conscience le moment et la façon dont ils vont mourir, nous devons inévitablement composer avec le mystère qui règne sur cette partie de notre vie. Et c'est ici que nous pouvons faire, en toute conscience, des choix. Il n'y pas une route qui soit meilleure qu'une autre. Il existe simplement des outils dont nous pouvons nous doter pour nous parer à ce grand passage. La beauté du papillon ne pourrait se révéler si, au préalable, la chenille n'avait pas vécu les étapes de métamorphose la faisant passer de la chrysalide à ce magnifique membre de la famille de lépidoptères. Pour voir en la mort autre chose qu'un spectre atterrant, porteur de douleur et vide de sens, il faut, chemin faisant, faire son cocon et apprendre à se transformer.

> *J'ai demandé à...*
>
> Suzanne Bernard[1], comment elle envisageait la vie après la vie et si cette perspective l'aidait à se préparer à sa propre mort ? Elle m'a dit ceci :
>
> « Selon ma conception des choses, la vie ne s'arrête pas avec la mort. Elle continue. Évidemment, je n'ai aucune preuve de cela ! Ce qui se passe dans l'au-delà demeure un mystère pour moi. Mais je ne ressens pas le besoin de le savoir et je préfère conserver une part d'inconnu. Savoir que la vie se poursuit autrement me permet certainement d'envisager la mort sous un angle d'espoir. Cependant, ce n'est pas vraiment ce qui m'attend après la mort qui m'aide à m'y préparer, mais beaucoup plus le travail que je fais chaque jour auprès des gens endeuillés. Chacune de ces rencontres me permet de voir la réalité de la mort en face et c'est là que je m'y prépare le mieux. »

> *Ce qu'il y a devant nous et ce que nous laissons derrière, cela est peu de chose comparativement à ce qui est en nous. Et lorsque nous amenons dans le monde ce qui dormait en nous, des miracles se produisent.*
>
> David Thoreau

Cette troisième partie vise donc à proposer des outils de transformation intérieure pour nous permettre de déployer, nous aussi, nos ailes et d'atteindre cette métamorphose en beauté. Elle propose également des outils pour aider ceux qui s'apprêtent à vivre ce grand passage vers la Lumière. Il est important de comprendre que ces outils s'ajoutent à ceux qui sont actuellement offerts pour traverser plus aisément les étapes de la mort. Depuis quelques années, un

---

1. Suzanne Bernard est thérapeute du deuil, travailleuse sociale, docteure en sociologie et auteure de *Et si la mort m'aidait à vivre*, et de *Perdre sans se perdre*, tous deux publiés aux Éditions Le Dauphin Blanc.

travail formidable est effectué auprès des mourants et des personnes endeuillées et il importe de référer aux ressources offertes pour bien vivre les étapes du « mourir » et du deuil. Je vous propose donc ici, un partage du cœur pour accroître l'information existante plutôt qu'une recette à utiliser seule. J'aspire à ce qu'il fournisse des éléments pour refaire contact avec l'âme. Et si ces outils ne vous conviennent pas, je souhaite sincèrement que cela vous donne le goût d'en trouver d'autres à votre mesure, car ici ce n'est pas tant les moyens qui comptent, mais le résultat final.

Chapitre 9

Tout le monde veut aller au ciel, mais personne ne veut mourir

> *Regarde à l'intérieur.*
> *Sois calme.*
> *Libre de la peur et de l'attachement,*
> *Apprends la douce joie du chemin.*
>
> Bouddha

Avant de vivre les expériences d'accompagnement, j'étais très mal à l'aise de parler de la mort malgré ma conviction en la vie éternelle. Aussi, je fermais rapidement la porte lorsqu'une discussion sur le sujet s'ouvrait. Ce comportement était tout simplement le reflet de mes peurs. Comme bien des gens, je voulais aller au ciel, mais l'idée de devoir mourir m'effrayait. En fait, ce n'est pas tant ce qui m'attendait après la mort qui m'apeurait, car je savais que nous poursuivions notre route, mais c'était plutôt l'inconnu quant à ma propre fin. Vais-je souffrir? Serai-je prête à partir? Pourrai-je avoir le temps de réaliser mes rêves, de m'accomplir personnellement? Aurai-je la force de vivre les derniers moments dans la dignité? Vais-je mourir seule ou accompagnée? Pourrai-je retrouver la Lumière de l'autre côté? L'idée même de ma finitude ou de celle de mes proches me nouait l'estomac. Ne pouvant trouver de réponses satisfaisantes à toutes mes questions, j'évitais systématiquement de m'engager sur ce terrain glissant avec les autres, surtout ceux qui sentaient leur mort imminente.

Après avoir accompagné tante Madeleine et grand-papa, j'ai pris un temps pour faire le ménage dans ces vieilles peurs. J'ai mis au rancart celles qui ne collaient plus à mes nouvelles croyances et j'ai choisi de travailler avec celles qui demeuraient encore profondément enfouies. Et il en reste encore! Il m'aurait fallu être un véritable maître pour parler de la mort sans aucune crainte ni appréhension, dans un total abandon, particulièrement en ce qui concerne ma propre mort! Je sais ce qu'il y a sur l'autre rive, mais je suis bien consciente que c'est dans la matière, avec toutes les émotions, les jeux de l'ego et la notion de séparation que nous vivons chaque décès. Il y a donc tout un travail de préparation, d'acceptation et de détachement pour l'apprivoiser afin de la vivre pleinement sans peur ni douleur. Puisque je n'ai pas encore atteint ce stade de maîtrise, j'ai choisi de me préparer à cette dernière étape de ma vie.

Dans quel but me direz-vous? J'ai foncièrement le goût de ne plus être mal à l'aise avec la mort, de ne plus perdre mes moyens lorsqu'elle s'amène de près ou de loin. Je veux aussi apprendre à vivre et à accepter la vie telle qu'elle se présente en cessant de toujours y résister. J'ai le désir de diminuer la souffrance dans ma vie, de me sentir mieux lorsque j'ai à traverser des étapes plus difficiles. Et par-dessus tout, j'ai la profonde volonté de vivre ma vie dans l'harmonie et la grâce plutôt que dans la peur. Et je sais que cela ne m'est pas possible si j'ai constamment peur de la mort. Comment puis-je en effet bien vivre avec cette trouille qui me crispe le ventre?

Tout ce questionnement m'a, de toute évidence, placé devant un choix: continuer d'appréhender chacun des passages de ma vie et risquer de manquer le dernier, c'est-à-dire celui de la mort, ou apprendre à les voir autrement, petit à petit pour m'abandonner plus aisément à ce qui est pour moi, la plus grande transformation de la vie. C'est là où l'on récolte les fruits semés en cours de route, et c'est là aussi que se produit le retour à notre famille d'amour inconditionnel. Avec grand-papa, j'avais goûté à nouveau à cet état de bien-être et je ne pouvais plus m'imaginer un seul instant en être privée après ma mort. Il me fallait mettre toutes les chances de mon côté pour y parvenir. Mais comment? me suis-je alors demandé.

Ce sont les différents accompagnements d'âmes qui m'ont permis de comprendre comment y arriver. Ce grand voyage qui nous attend à la fin de notre vie se doit d'être préparé avec soin pour qu'il soit le plus beau et le plus grand de tous. Le plus merveilleux dans tout ça, c'est qu'en préparant ce périple, nous nous préparons à mieux vivre aussi en cessant de fuir la peur de l'inconnu. Évidemment, cette préparation ne peut se faire sans effort ni, j'oserais dire, sans douleur, car l'abandon requiert inévitablement le courage de laisser derrière soi la sécurité et le confort.

> *Le courage, c'est encore de tenir les yeux ouverts sur la lumière comme sur la mort.*
>
> Albert Camus

C'est en puisant dans cette énergie d'amour inconditionnel qui se trouve en nous, que nous trouverons ce courage d'oser reluquer de plus près cette étrangère vêtue de noir qui nous fait si peur afin d'y découvrir son véritable visage.

Regarder la mort en face

> ***J'ai demandé à ...***
>
> **Suzanne Bernard[1] comment son expérience personnelle et professionnelle l'amène-t-elle à envisager sa propre mort? En d'autres mots, comment elle se prépare au quotidien à sa propre mort en fonction des connaissances et de l'expérience qu'elle a de la mort?**

---

1. Suzanne Bernard est thérapeute du deuil, travailleuse sociale, docteure en sociologie et auteure de *Et si la mort m'aidait à vivre*, et de *Perdre sans se perdre*, tous deux publiés aux Éditions Le Dauphin Blanc.

> « C'est d'abord mon expérience personnelle qui m'a permis d'amorcer ma préparation à la mort. La perte de mon enfant dans un accident de voiture a été, sans aucun doute, l'élément déclencheur de cette grande préparation. La souffrance indescriptible alors ressentie a été un véritable moteur pour ma propre croissance. Cet événement m'a ensuite emmené à explorer le deuil au niveau professionnel. Cela m'a permis de rencontrer Jean Monbourquette qui m'a alors conseillé d'aider les personnes endeuillées à transformer, elles aussi, leur souffrance. C'est ainsi qu'a débuté mon travail de thérapeute du deuil. Sur ma route, j'ai aussi eu le privilège de choisir Arnaud Desjardins comme guide spirituel et depuis 1984, je le rencontre tous les ans ici ou en France. Ces enseignements sur l'impermanence des choses m'ont énormément influencée et petit à petit, j'ai appris à voir la mort sous un angle différent et ainsi m'y préparer.
>
> De plus, c'est écrivant mon livre, « Et si la mort m'aidait à vivre », que j'ai réellement pu confronter la théorie avec la pratique de l'impermanence. Toutefois, je ne peux pas dire que je pose directement une action par jour pour être prête lorsque le moment sera venu, mais je le fais indirectement dans mon travail de thérapeute du deuil, car la mort est présente dans ma vie au quotidien. Ainsi, je l'apprivoise, je la définis et j'apprends chaque jour à y voir la richesse de ses enseignements. »

Un passage

Si nous regardons le point de vue strictement physique et matériel, la mort c'est la cessation de la vie, un point c'est tout ! Je ne peux contredire que cette vision de notre fin inévitable est triste et désolante. Pour mieux comprendre où nous mène cette conception de la mort, faisons un parallèle avec l'automne, saison où la vie végétale s'éteint pour mieux renaître au printemps. Imaginez comme il serait troublant de regarder, à la fin de septembre, un arbre perdre sa verdure à petit feu, pour disparaître complètement au premier coup de vent hivernal dans ce contexte d'ultime finalité. Nous pourrions pleurer cette perte jusqu'au printemps, puis s'attacher de nouveau aux nouvelles feuilles qui naissent, être comblé par leur présence et vivre de nouveau la dépression et le vide avec l'arrivée de la saison des couleurs.

Au fond, la vie humaine n'est pas différente de celle du feuillage. Chacune des incarnations que nous vivons est un nouveau printemps. Notre corps, comme les folioles de l'arbre, croîtra et se détachera à l'automne de notre vie. Entre deux incarnations, nous prenons une pause, un temps d'arrêt, tel l'arbre qui, pendant l'hiver, se prépare à sa prochaine floraison. Chaque cycle de naissance et de mort sert à la croissance de l'âme, de la même manière que chaque cycle des saisons permet à l'arbre de croître. Nous savons que pendant la période hivernale, l'arbre est toujours en vie et qu'il se prépare à renaître. Il en est de même pour notre âme qui, après chaque passage terrestre, conserve toute sa vitalité et continue de grandir au gré des saisons et des vies. Ainsi, la mort devient un état de transformation. L'hiver ne sert-il pas à engendrer les fruits de la prochaine saison ?

> La vie est une aspiration, une respiration et une expiration.
>
> Salvatore Dali

Cette étape de préparation nécessaire nous émeut lorsqu'il est question de Dame Nature car nous savons en apprécier la beauté et comprendre qu'elle n'est qu'un passage temporaire. Toutefois, elle nous attriste lorsqu'elle s'adresse à nos confrères. Le lien d'attachement est certes fort différent entre les deux situations, mais si nous avions une connaissance plus grande de la Vie avec un grand « V », il nous serait plus aisé et moins douloureux de nous détacher et d'accepter la mort d'un être cher. Nous sommes en mesure d'apprécier la verdure de l'arbre pour ce qu'elle nous offre, parce que nous n'avons aucune attente ni attache envers elle, sachant fort bien, pour l'avoir expérimenté maintes et maintes fois, qu'elle ne disparaît pas pour toujours. Elle est là avec tout son charme et son mouvement gracieux et elle s'offre à nous sans résistance dans le plus profond abandon. De notre côté, nous la contemplons, nous l'aimons et nous apprécions sa présence bercée par la douce brise. En observateurs, nous la voyons changer ses couleurs pour nous annoncer l'approche de son départ. Nous vivons les derniers instants de sa présence en acceptant toute la beauté qu'elle nous offre en souvenir de son passage. Et nous la laissons partir le cœur rempli d'espoir et de sollicitude, car au fond de nous ce n'est qu'un au revoir. Nous avons la certitude qu'elle reviendra.

> *Ne dites pas, je serai parti demain, car je ne cesse de naître, aujourd'hui encore.*
> *Regardez en profondeur : je nais à chaque seconde*
> *Bourgeon sur une branche printanière.*
> *Oisillon aux ailes fragiles apprenant à chanter dans mon nouveau nid, Bijou caché dans une pierre.*
> *Je ne cesse de naître, pour rire et pour pleurer : pour craindre et espérer.*
> *Mon cœur est rythmé par la naissance et la mort de tout ce qui est vivant.*
>
> Tich Nhat Hanh

Or, lorsqu'il s'agit de nos proches ou de nous-même, nous nageons dans l'incertitude. Nous n'avons en effet aucun moyen physique de démontrer hors de tout doute cette preuve absolue du retour des âmes sur Terre par la réincarnation ni des retrouvailles dans l'autre dimension. Nous n'avons pas non plus de moyens techniques pour prouver scientifiquement la vie éternelle. La mort demeure encore un mystère non résolu pour bien des personnes. Bien que de nombreux enseignements, tant religieux que ceux fondés sur la sagesse ancienne, existent pour en parler, et bien que l'ouverture spirituelle des dernières années amène des éléments de réponses concrets, notre scepticisme demeure. Nous n'avons pas vu avec nos yeux terrestres la transformation de la mort en une vie d'une autre densité. Nous n'avons pas assisté à ce passage et nos croyances en la matière nous servent de base de jugement sur la question.

> *J'ai demandé à ...*
>
> Daniel Meurois-Givaudan[1] comment il envisageait sa propre mort après avoir suivi et accompagné l'âme d'Élisabeth jusqu'à la mort de son corps physique aux termes du livre « *Chronique d'un départ : afin de guider ceux qui nous quittent* ». Voici sa réponse :
>
> « J'envisage personnellement ma propre mort avec beaucoup de sérénité. En ce qui me concerne, ce ne sera qu'une « décorporation » de plus. J'ai si souvent accompli le voyage que je sais exactement où je vais. Parfois, il m'arrive même d'avoir hâte de m'y rendre et de pouvoir enfin dire... « mission accomplie ». En fait, dans mon esprit, il n'y a pas de mort, pas de perte de conscience ni d'identité, pas de trou noir non plus. Je vais simplement passer une porte... et poursuivre mon chemin autrement. Bien sûr, ce que je peux redouter c'est la souffrance physique qui pourrait éventuellement précéder mon départ, mais cela c'est autre chose. Il ne s'agit pas de la mort elle-même mais de ses conditions "matérielles". Personne n'a envie de souffrir dans son corps, n'est-ce pas ? Ce qui est certain, c'est que je ne serai pas de ceux qui s'accrochent absolument à cette présente vie. J'aurai plutôt l'attitude d'une feuille qui se détache d'un arbre parce qu'elle sait que son temps est venu.
>
> Pour conclure, je ne crois pas que ces quelques affirmations relèvent de l'attitude mentale idéale de quelqu'un qui est

---

1. Daniel Meurois-Givaudan est auteur et conférencier. Il a écrit et co-écrit plus de 21 livres, dont notamment *Chronique d'un départ : afin de guider ceux qui nous quittent*, *Les neuf marches : histoire de naître* et *de renaître* aux Éditions Sois et *Le non-désiré* et *Vu d'en haut : un rendez très particulier* aux Éditions Le Perséa.

> encore relativement en bonne santé. Il me semble avoir réellement apprivoisé la mort... D'ailleurs, aussi loin que je me souvienne, je ne pense pas voir jamais redouté le passage qu'elle représente. C'est, pour moi, une question de cohérence avec ce qui m'habite et j'ai toujours trouvé illogique que la majorité des personnes qui disent croire en "Quelque chose", paniquent autant à l'arrivée de la mort. L'une des plus grandes difficultés dans notre société, c'est certainement de croire réellement en ce que l'on croit. »

De mon côté, mes croyances provenant de mon éducation me permettaient de considérer la vie après la mort comme une éventualité plus que probable. Toutefois, ce manque de preuve tangible venait quelquefois m'ébranler dans mes convictions profondes quant à ma propre mort, à ma destination après cette vie. Après avoir vécu des accompagnements, je n'ai plus besoin d'autre chose pour fonder ma conviction personnelle. Je sais, j'ai vu et j'ai senti ce passage d'une vie à l'autre. Mais avons-nous tous besoin de toucher pour croire ? Cette question, je me la suis posée très souvent. Nous laissons bien souvent notre scepticisme guider notre vie, mais cela révèle en fait simplement notre peur de faire confiance, de nous abandonner à l'inconnu, de nous détacher de nos croyances si rassurantes pour le mental.

Et c'est là que le bât blesse. Car, sans cet état d'abandon et de détachement, il ne nous est pas possible de toucher et d'être touchés par l'au-delà, de quelque manière que ce soit. Pour obtenir des preuves significatives provenant d'en haut, il faut accepter d'ouvrir la porte à l'inconnu et le laisser entrer dans notre vie ici-bas. À défaut, nous ne sommes plus l'observateur goûtant la beauté de l'automne, le cœur rempli d'espoir et de reconnaissance pour tant d'émerveillement. Notre vision ne s'attarde alors qu'à la verdure disparue, à la maigreur des branches et à la nudité du paysage, voyant en la mort une saison bien pénible. La mort, dans cette optique, dévaste, dépeuple.

Cependant, est-il nécessaire d'attendre de vivre une telle souffrance pour intégrer la leçon du détachement et de l'acceptation, pour apprendre à voir la mort autrement ? Pouvons-nous faire en sorte de nous y préparer afin qu'elle soit moins atterrante ? La douleur est fréquemment le moteur nécessaire pour parvenir à l'apprentissage de cette leçon, j'en conviens, mais cette façon d'apprendre provient de notre culture occidentale. Les Orientaux, quant à eux, apprennent au quotidien à mettre en pratique le détachement et l'acceptation, alors la mort devient leur plus grande application.

La souffrance liée à la mort existera toujours, car elle transforme tout notre univers en quelques instants. Cela demande donc un temps d'adaptation nécessaire pour apprivoiser tous ces changements et pour transmuter la souffrance en apprentissage. Et ce livre ne saurait être un remède ou une solution pour l'irradiquer de manière définitive. Toutefois, il m'apparaît important de partager ces expériences d'accompagnement afin qu'elles favorisent une réflexion à propos de notre vision de la mort et de l'au-delà. Elles serviront également à proposer des outils pour y faire face sans oublier que les craintes et la douleur liées à l'« impermanence » de la vie seront inévitablement présentes dans tout processus de préparation à la mort ou de deuil.

J'ai demandé à ...

Francine Ouellet[1] si les enseignements sur l'amour divin dont elle parle dans son livre l'aide à se préparer à la mort. Voici ce qu'elle m'a répondu :

« La perspective de l'amour divin qui nous attend après dans les plans célestes m'aide à apprivoiser ma peur de la mort. Toutefois, l'accès au monde céleste ne m'enlève pas mon humanité à laquelle est rattachée ma peur de l'inconnu. Il est important pour moi de dire que les expériences avec le monde céleste, tels que les états de transe, ne sont pas des moyens d'éliminer la douleur ou les peurs. Ce serait là une

---

[1]. Francine Ouellet est médium instructeur, conférencière et auteure du livre *De l'amour humain à l'amour divin*, et co-auteure de *La médiumnité : réalité intime et personnelle*, *Mon Retour*, tous publiés aux Éditions Marie-Lakshmi.

> illusion fort décevante. Ces expériences servent plutôt à éveiller notre conscience pour nous permettre d'apprivoiser les situations plus difficiles qui nous arrivent sur le plan terrestre. Il ne faut pas chercher à fuir cette humanité que nous avons choisie d'expérimenter, il faut au contraire la vivre pleinement. Et nous ne pouvons le faire sans accepter que la peur et la souffrance en fasse intégralement partie. »

Que Dieu m'accorde l'intelligence d'accepter ce que je ne peux changer, la force de changer ce qui peut l'être et la sagesse d'en reconnaître la différence.

E. Mörike

Toutefois, plus nous résisterons aux changements provoqués par la mort, plus la souffrance sera grande. Cette résistance marque le refus ou la difficulté d'accepter que la vie ne soit jamais plus comme avant. Tel le dicton : *Ce à quoi on résiste, persiste. Ce à quoi on fait face, s'efface*, la mort nous pousse à réorganiser notre vie, que nous le voulions ou non. Elle amènera toujours l'inconnu avec elle, et qui dit inconnu dit également peur et insécurité. Or, si nous n'avons jamais appris à nous abandonner aux changements qui se présentent et que nous résistons à cette mort qui arrive, nous allons souffrir davantage. Ici, ce ne sera pas la mort la cause de notre souffrance, mais bien la résistance à accepter ce qui ne peut être changé. Si nous commençons au quotidien à mettre en application l'acceptation et le détachement, nous serons mieux armés pour faire face au grand défi qu'est la mort. Nous pouvons dès aujourd'hui, en toute conscience, apprendre à voir la mort autrement pour accepter pleinement ce passage de la vie terrestre à la vie céleste en nous abandonnant à tous les petits ou gros passages journaliers.

Si nous osons regarder cette grande transformation en face avec le même détachement et la même acceptation que nous offrons aux feuilles d'automne, la peine et la tristesse fondront avec plus de rapidité, telle la neige exposée au soleil. C'est dans la vision d'un plan divin que la mort prend toute sa signification. La vie ne s'arrête pas avec l'arrivée de l'hiver, elle se poursuit et se transforme pour mieux éclore au printemps suivant. Dans cette optique, nous participons ainsi au plan divin en toute conscience, et chaque voyage sur Terre s'intègre dans un mouvement continu d'évolution. Notre mort ou celle de ceux qui nous entourent devient un pas de plus vers notre sagesse d'âme, nous rapprochant ainsi toujours un peu plus de la perfection, de la Lumière divine.

Un poids ou un choix

Ainsi s'offre à nous le libre choix d'apprendre ou d'attendre. Dans le premier cas, la leçon du détachement et de l'acceptation ultime que représente la mort s'intégrera dès aujourd'hui petit à petit, pas à pas, avec moins de pleurs et de grincements de dents. Alors que, dans le second cas, le choc et la douleur nous forceront à changer notre vision, notre façon de voir, de comprendre et de vivre la mort. Le but d'amorcer une préparation à la mort n'est pas d'éliminer totalement le chagrin du processus de deuil, nous en avons parlé plus haut. Cela serait futile et vain puisqu'il est tout à fait normal, justifié et sain de pleurer la disparition d'une personne. Cela fait partie de notre expérience terrestre. Cependant, voir la mort comme un passage, je dirais même un « pas sage », c'est une façon d'avancer et de se transformer. C'est aussi se préparer à la vivre autrement qu'une fatalité inévitable, imposée par un « Dieu externe » tout-puissant qui décide, sans explication, du moment et de la manière de sa venue. Cette vision fataliste de la mort, qui a été longtemps véhiculée dans notre société occidentale, laisse peu de place à la compréhension profonde et au sentiment de justice, car malgré tous nos efforts, toutes nos bonnes actions et tout notre dévouement ici-bas, notre finalité ne nous appartient même pas.

Le poids de la mort se fait donc sentir, tel un fardeau trop lourd dont on se serait bien passé, telle une punition qui nous est imposée sans aucune possibilité d'y échapper. Les grandes religions ont toutes tenté d'y donner une signification. Certains y trouvent là une explication rassurante, mais plusieurs demeurent accablés par la décision de Dieu de rappeler à lui un de leurs frères, une de leurs sœurs. En fait, c'est l'incompréhension de cette décision qui fait perdurer la douleur et les sentiments de perte et d'iniquité, particulièrement lorsqu'il s'agit du décès de jeunes gens. Les pourquoi et les comment affluent sans qu'aucune réponse satisfaisante ne se fasse enfin entendre.

Cette réponse existe, et c'est par le biais des accompagnements dans l'au-delà que je l'ai comprise. La sensation d'unité que j'ai ressentie de l'autre côté, m'a fait réaliser ce que tant d'auteurs ont exprimé à propos de notre Dieu intérieur[1]. Je me sentais réellement comme une partie intégrante de Dieu. Je n'avais plus l'impression d'être distincte de Dieu, mais plutôt d'en être une parcelle. Ainsi, tous les choix de Dieu étaient miens, nous étions unis dans une même direction. La vie, la mort découlaient certes de Sa volonté Suprême, mais cette volonté était également mienne. J'avais fait le choix de vivre sur Terre et j'avais également fait celui de mourir à un moment donné pour servir un but commun, celui de l'évolution de la vie. Il n'était plus question ici de subir les affres de Ses décisions, car j'y participais activement pour concourir à un dessein plus grand.

Ainsi, la mort d'un individu n'a donc plus la couleur d'une perte bête et insensée et sert à l'ensemble, car l'ouverture de l'âme à sa propre Lumière lui permet de retrouver le souvenir de son appartenance à la Source divine. Le sentiment de séparation se crée avec l'incarnation, mais de l'autre côté du voile, la dualité n'existe pas. Ainsi, les actions des âmes sont certes à leur service propre, mais elles concourent également au bénéfice de la communauté d'âmes. Chaque incarnation possède des objectifs individuels et communs qui sont acceptés par les âmes concernées de plein gré même si, ici-bas, la grande majorité des individus ont oublié avoir consenti à ce choix avant de s'incarner.

---

1. À ce propos, je suggère les références suivantes : Neale Donald Walsh, *Conversation avec Dieu*, Dan Millman, *Le guerrier pacifique*, Marianne Williamson, *Un retour à l'amour*, Oriah Mountain, *L'invitation*, Francine Ouellet, *De l'amour humain à l'amour divin*, Kryeon et Lee Carroll, *Le Retour*.

Lors de nos incarnations, nous amenons uniquement le bagage dont nous avons besoin pour les expérimentations à vivre ici-bas. Notre mémoire physique n'a pas accès aux souvenirs des vies passées, sauf de rares bribes qui peuvent nous être accessibles si nous réussissons à entrer en contact avec notre âme pendant ce voyage terrestre. Alors, de ce côté des choses, nous oublions ce que nous sommes venus faire et les gens avec qui nous avons accepté de le faire. L'amnésie touche également tout ce qui a trait au moment de notre mort. Bref, nous oublions que nous sommes une parcelle de Dieu, avec tout Le savoir et La connaissance nécessaire pour déterminer en toute équité le meilleur moment pour tous de rentrer à la maison.

> ...car, je t'ai donné un autre pouvoir, un pouvoir tellement grand que même mes anges du paradis ne le possèdent pas, je t'ai donné le pouvoir de choisir, je t'ai même placé au-dessus de mes anges, je t'ai donné le contrôle total de ta destinée, je t'ai dit de déterminer pour toi-même ta propre nature conformément à ta volonté, tu n'as pas été libre, mais tu as reçu le pouvoir de dégénérer jusqu'à la forme la plus dégradée et tu as également reçu le pouvoir d'écouter ton âme et de renaître sous une forme élevée et divine, jamais je ne t'ai retiré le grand pouvoir de choisir.
>
> Od Mandino, *Mémorandum de Dieu*

Le décès fait inévitablement partie intégrante de l'incarnation que nous avons choisie de vivre. Il est en quelque sorte l'acte final de cette pièce que nous avons accepté de jouer en venant sur Terre. Nous ne venons pas ici-bas, au hasard, expérimenter la matière, la dualité et la séparation de Dieu. Nous avons un plan bien défini en fonction des objectifs d'apprentissage que nous nous sommes fixés. Tous les contextes servent donc à nous aider à apprendre et rien n'est prédestiné puisque nous disposons du libre arbitre qui nous permet à tout moment de changer le cours des choses.

Nous sommes donc maîtres à bord et s'il nous chante de rompre notre contrat prématurément, personne d'autre que nous-mêmes ne nous posera un regard sur les choix que nous avons faits sur Terre. Au chapitre 7, page 110, Suzanne nous en a offert un exemple en racontant comment elle se sentait après son suicide. Il m'apparaît important ici de préciser que la vie est un processus évolutif qui nous amène à retrouver notre divinité, à devenir meilleurs et à nous rapprocher de la Source. Certes, notre libre arbitre nous permet de tendre vers cet objectif ou de nous en éloigner. Ce n'est pas un Dieu punitif qui nous rappellera à l'ordre, mais la douleur engendrée par cet éloignement. Nous souffrons lorsque nous résistons à notre nature divine.

De plus, l'Univers est mû par un ensemble de lois universelles qui orchestrent cette grande danse énergétique de la Vie. Sur Terre comme au Ciel, tout est question d'énergie. Toute action posée est semblable au caillou lancé à l'eau. Comme lui, elle forme des ondes qui s'éloignent du point de départ pour ensuite y revenir avec la même vibration. Alors, que nous le voulions ou non, nos actions d'amour nous reviennent chargées d'amour. Nos gestes de non-amour retournent également à leur point de départ empreints de la même énergie initiale. Soyons assurés que La Justice universelle ne se trompe jamais lorsqu'elle applique la Loi du retour, peu importe ce qu'en dit notre mental.

En conséquence, le choix de la vie et celui de la mort nous appartient entièrement en tant qu'êtres divins malgré notre amnésie lorsque nous vivons dans la matière. Il importe cependant de nous souvenir que nous en sommes tout de même responsables et parties prenantes. Il n'y a donc pas de Dieu sévère pour nous rappeler à l'ordre ni d'injustice. Toute mort est planifiée et sert d'enseignement selon les objectifs d'apprentissage à atteindre, tant pour ceux qui la vivront que pour ceux qui resteront[1]. Il n'y a jamais aucun décès qui soit inutile, si tragique soit-il. Et c'est dans cette perspective plus large que nous y trouverons un sens. Toutefois, il faut bien prendre garde de ne pas voir dans mes propos un encouragement à la violence envers soi ou envers autrui. Chaque geste posé est certes

---

1. Voir le message de Marie-Claude à ce sujet au chapitre 7.

porteur d'enseignement, mais il est également porteur de responsabilité et de conséquence dont personne ne peut se disculper. La justice humaine et la justice universelle se chargeront, chacune à leur façon, de rendre leur sentence.

En considérant que la mort est un choix qui sert à notre apprentissage commun, nous ne pouvons plus voir le décès d'une personne âgée comme plus juste et plus signifiant que celui d'un jeune enfant. C'est le voile de la séparation qui nous fait penser ainsi, et cela fausse notre perception causant ainsi beaucoup de vaines souffrances. Chaque départ terrestre s'est planifié de concert avec toutes les âmes concernées. Il arrive au moment opportun et le plus approprié pour permettre l'intégration de la leçon visée, même s'il apparaît injustifié à nos yeux humains. N'oublions pas que nous avons accepté de participer à ce plan en venant sur Terre. Alors, tous ont choisi ce qui arrive, tant le jeune enfant qui meurt que les parents qui restent. Ce choix a été fait non seulement pour l'évolution de l'âme qui s'envole, mais également pour celui des âmes qui l'accompagnent dans ce voyage. Malgré tout le détachement que cela demande aux parents, du point de vue de l'âme, la durée de ce périple ne peut être trop courte. Les raisons justifiant chacun des décès ne nous sont généralement pas accessibles sur Terre afin de nous laisser toute notre latitude et notre pouvoir de choisir. En effet, si nous savions ce que nous avons exactement à faire et à apprendre, nos choix seraient biaisés et notre libre arbitre en serait affecté.

> *Ton âme te guide vers l'opportunité qui te fera expérimenter ce que tu avais prévu. Ce que tu expérimentes présentement dépend entièrement de toi.*
>
> Neale Donald Walsch

Le processus de la vie et de la mort découle donc entièrement des choix des âmes qui acceptent un tel déroulement pour leur propre avancement, leur propre évolution. De ce fait, la communauté d'âmes croît également et la conscience collective s'élève pour le plus grand bénéfice de Dieu, présent en chacune d'elles. Car étant toutes des parcelles divines en évolution, le tout auquel nous appartenons suit de ce fait ce mouvement évolutif. La mort n'est donc pas une fatalité imposée, mais un cadeau divin afin d'aider l'humain à s'élever, à retrouver ici-bas des traces de sa divinité.

Un cadeau d'amour inconditionnel

La mort, un cadeau ! Quelle sottise, diront plusieurs ! Et il m'en a pris du temps avant de la voir ainsi. Je me souviens avoir lu à ce sujet, avant de vivre mon premier accompagnement, et je n'arrivais pas à comprendre le sens profond de cette affirmation. La mort ne me semblait pas alors porteuse de quoi que ce soit, mais ravisseuse de bonheur. Je n'avais pas alors le souvenir que dans l'au-delà tout est amour inconditionnel, que Dieu est tout amour et que je suis une partie de ce Dieu d'amour. Je n'y voyais donc pas toute la perfection qu'elle recelait.

Après avoir accompagné mon grand-père, j'ai été saisie d'une étonnante révélation. J'ai constaté que notre relation sur Terre avait une bien plus grande portée que celle qu'il m'avait été jusque-là donné de voir, celle de la vie avec un grand V. La rencontre avec grand-papa m'a fait vivre ou plutôt, devrais-je dire, m'a fait revivre cette sensation d'unification qui nous permet de savoir, de comprendre et de sentir que la beauté et la grandeur de la vie se cachent en toute chose. Je réalisais que cette sensation n'attendait que d'être découverte par ceux qui en ont le véritable désir. Baigner dans cet état de conscience, même si bref, fut un cadeau inestimable puisque cela m'a appris à voir la magnificence de la Vie au lieu de ne voir que l'injustice de Dieu et des Hommes.

Aujourd'hui, je comprends pourquoi j'ai pris tant de temps à voir la valeur de la mort. Dans ma tête, sa perspective était limitée au rôle que jouait l'acteur. Je n'avais pas vu en elle le merveilleux professeur qu'elle était. C'est mon grand-père qui m'a permis de tirer cette grande leçon. Au cours de la conversation avec son âme, lorsque je lui ai dit qu'il avait été le grand-père qu'il me fallait, ce n'était pas de basses flatteries à son égard. Je ressentais la plus sincère vérité dans ces propos. Pourtant, avant cette rencontre, je vous aurais parlé tout à fait autrement de ma relation avec lui puisque nous avions eu en réalité une relation assez distante et plutôt superficielle.

Ce moment de grâce passé avec lui m'a alors permis de comprendre que tout, dans sa vie, aussi bien sa relation avec ses enfants que celle avec moi ainsi que sa mort elle-même, était orchestré dans un projet d'ensemble. Il n'était pas vain qu'il meurt aigri et usé par le temps. Cela avait un but précis. La toile de nos relations avait été tissée serrée pour notre bénéfice commun. Tous et chacun de ses gestes avaient un sens plus profond. Son passage sur Terre n'avait pas à être illustre pour être grand, il s'était illustré dans l'amour inconditionnel du rôle qu'il avait accepté de jouer pour lui-même et pour nous tous. Sous le couvert de ses imperfections terrestres, mon grand-père avait, en réalité, accepté de jouer la perfection de l'amour divin et de mettre ainsi toute sa grandeur au service de tous.

La vie de mon grand-père n'a pas été pas différente de milliards d'autres vies humaines. Ces dernières sont également toutes au service de Dieu, non pas d'un Dieu externe, mais de notre parcelle de Dieu intérieur, de notre propre divinité. Cette façon de voir offre une place égale à tous, et les jugements s'amenuisent, voire disparaissent, car chaque âme est ici pour servir un dessein plus grand, même celles qui commettent les pires atrocités. Il ne faudrait pas voir dans ces propos un encouragement à commettre des actes barbares, de la violence ou du non-amour. Au contraire, je ne peux que prôner l'amour comme le mode de vie le plus bénéfique pour chacun des êtres humains.

Mais, le non-amour fait partie intégrale de notre expérience de vie. Il sert de balise pour définir ce qu'est l'amour. Sans le non-amour, nous ne pourrions réellement connaître ce qu'est l'amour inconditionnel. Comme le disait mon ami au cours d'un atelier : « Un poisson ne sait plus qu'il vit dans l'eau, c'est seulement lorsqu'on le sort de l'eau qu'il s'en rend compte. C'est la même chose pour les âmes, elles ne se rendent plus compte qu'elles vivent dans l'amour.

Pour connaître ce qu'est le non-amour, elles doivent en sortir et c'est en venant dans la matière qu'elles peuvent l'expérimenter[1] ».

Alors, il y a certes des actes inacceptables, commis ici-bas, que nous devons à tout prix arrêter et même empêcher. Mais les âmes qui ont accepté de commettre de tels gestes sont, elles aussi, venues servir un plus grand dessein. Elles ne sont ni méchantes ni damnées, puisque Dieu n'est qu'amour et bonté. Elles se sont égarées simplement de leur centre divin intérieur. Et n'ayez crainte que ces actes porteurs d'énergie de basses vibrations leur reviendront comme un boomerang pour tenter d'éveiller en eux leur conscience endormie. Majestueusement, la douleur résultant de ce non-amour, poussera tous ceux qui vivent directement et indirectement ce non-amour, à rétablir l'harmonie et la paix en eux et autour d'eux.

Chaque acte sert à l'élévation de la conscience personnelle, ce qui augmente également la conscience collective. Le plan divin se matérialise un peu plus chaque jour et nous marchons pas à pas vers l'atteinte de l'amour inconditionnel sur Terre. Qui aurait pu croire, il y a seulement quelques années, que tant de gens de cultures et de religions différentes s'uniraient dans un geste de solidarité pour la paix mondiale ? Cela aurait semblé totalement utopique ! Pourtant, cet exploit a été réalisé au-delà de toute attente lors du dernier conflit en Irak. Voilà la grande et divine perfection à l'œuvre !

Ainsi donc, il n'y a pas de hasard, pas de situation inutile, pas de drame superflu ni de vaine catastrophe, tout concourt à l'évolution de la conscience humaine, tout converge vers l'amour, y compris la mort. Cependant, l'ignorance, la souffrance, la colère et la frustration bloquent souvent notre vision et nous empêchent de voir ce vaste cadeau. Toute personne ayant été confrontée à la mort d'un proche ou à sa propre mort, ne peut après cela continuer à vivre de la même manière. Cela fait inévitablement bouger quelque chose intérieurement. Or, la perception de la mort aura une incidence déterminante pour trouver la paix d'esprit et la sérénité.

---

1. André de la Durantaye, formation éveil à la médiumnité, co-auteur de *La médiumnité : réalité intime et personnelle*.

Tout processus de mort ou du « mourir » comporte des étapes importantes de deuil qu'il est nécessaire de franchir avant même de parler de sérénité, j'en conviens. Et loin de moi l'idée d'éliminer ces étapes. Toutefois, avec une compréhension élargie du plan divin, la mort devient plus noble et plus grande. Les sentiments d'incompréhension s'estompent et son acceptation s'en trouve facilitée tant pour celui qui est confronté à sa finitude que pour ceux qui l'accompagnent. Les blâmes envers ce Dieu injuste se transforment peu à peu pour devenir des prières louangées et nous permettent ainsi de nous relier à notre centre divin[1]. De là, nous ne pouvons plus nier la perfection de ce qui est. L'amour inconditionnel nous enveloppe et nous supporte dans cette grandiose transformation.

Après la mort, rien n'est plus jamais pareil, et c'est là le cadeau. Il se trouve dans cette transformation, dans cette mutation que le passage de la vie à la mort impose à tous. Libre à nous d'attendre la venue de la mort pour vivre ces transformations ou de commencer dès maintenant.

> *Avant que la mort ne le happe, et frappe du coup la limite de l'amour, nous ignorions forcément la violence de la convocation à devenir autre. Car c'est aussi cela qui est agité dans le deuil et qui rend vains nos efforts à redevenir comme avant : la mort nous intime, oui, dans tous les sens, à changer de regard sur nous-mêmes et sur le monde.*
>
> Luce Des Aulniers, *Prisme*, 2001, n° 36, p. 168

Se préparer au grand jour

Notre éducation ne favorise pas la préparation à la mort. Elle offre plutôt le modèle de la confrontation ultime au moment venu. Plus nous pouvons repousser cette échéance, mieux nous nous portons. Socialement parlant, la mort n'est pas de bonne compagnie et il

---

1. Voir l'exercice 9-A, Moments Divin, p. 165, à la fin du présent chapitre, qui nous aide par la visualisation à voir notre propre divinité.

est de loin préférable de croire en la jeunesse éternelle ou au bonheur que procurent les biens matériels, tel qu'on nous le véhicule dans les médias. Par surcroît, ces derniers nous offrent avec tant d'allèchement des façons de fuir à grands pas celle qui nous fait peur en nous vantant les mérites de l'éphémère et en nous vendant le bonheur de la consommation comme solution à tous les problèmes.

Mais ce comportement d'évitement et de fuite nous rattrape pour nous laisser bien penauds devant la grande dame noire lorsque qu'elle se pointe le bout du nez, car ici, rien dans le matérialisme ni dans l'individualisme ne peut nous servir. Habitués aux solutions instantanées qui nous permettent d'évacuer rapidement la souffrance, nous aimerions encore tellement trouver la méthode-miracle qui nous permette de sortir de ces difficiles moments au plus vite. Mais hélas ! Ce n'est pas dans l'évacuation rapide qu'on peut faire face à la mort, ni même à la vie.

Être ou ne pas être ?

Existe-elle cette méthode pour bien mourir ou pour bien vivre la mort d'un être cher ? En fait, je ne crois pas qu'il faille une méthode, une recette pour passer cette étape, tout comme il n'existe pas de recette miracle pour réussir sa vie. La vie et la mort sont plutôt une question d'états que de moyens. Il faut simplement apprendre à les vivre et non apprendre à les fuir. La vie et la mort sont interconnectées, elles sont un même processus, un cheminement indissociable.

> *En apprenant à affronter la mort, nous aurons appris la leçon la plus importante de la vie : comment faire face à soi-même.*
>
> Sogyal Rinpoché

Par conséquent, la préparation à la vie ne diffère pas de celle de la finitude. C'est en développant une attitude face à la vie que nous forgeons celle face à la mort. Se préparer à la vie, quelle drôle d'idée ! J'ai passé dix-sept années à aplatir mon fessier sur les bancs d'école pour me chauffer le cerveau avec toutes sortes de notions dans le but de bien parer mon futur et voilà que cette indigestion de connaissances ne me serait d'aucune utilité pour bien vivre! Elles me serviraient certes à gagner ma vie, mais ma vie ne serait pas gagnée pour autant! Tant de temps pour apprendre que la vraie vie s'enseigne à l'université de la Vie. Ici, pas question de diplôme, d'examen ni même de sécher les cours. Le grand professeur de la Vie se charge bien de nous faire apprendre ce dont nous avons besoin au moment opportun. Et comme le dit si bien Jacques Salomé: «C'est facile d'apprendre ce que l'on ne sait pas. Le plus difficile c'est d'apprendre ce que l'on sait». C'est quand même ironique de vivre dans une société qui prône l'éducation et qui ne s'offre pas la possibilité d'apprendre très tôt les principes de la Vie elle-même. Il me semble que tous les jeunes élèves devraient suivre «La Vie 101» pour apprendre à «être» tout simplement puisque sans cette attitude de base, toute autre formation perd ses lettres de noblesse. C'est en effet dans le mode «être» que nous offrons le meilleur de nous-mêmes. Il nous permet d'exprimer notre véritable potentiel que recèle notre côté divin.

> *Je ne suis pas un homme, je suis divin.*
> *Je ne suis pas le corps, je suis l'âme.*
>
> Saï Baba

Quand «je suis», j'exprime toute la profondeur de mon être. Toutefois, nous apprenons souvent très tard à nous brancher à cette profondeur en nous. Le mode «avoir» prime essentiellement dès notre naissance. Nous apprenons d'abord à avoir pour combler nos besoins de base, puis à avoir pour plaire, contrôler, nous enrichir ou conquérir. Ce mode nous pousse constamment hors de nous pour atteindre la satisfaction, le bonheur.

Bonheur, où te caches-tu?

La clé du bonheur, nous enseignent les grands sages de toute époque, réside en nous et ce dernier n'est pas une destination, mais un état. Cette seule phrase contient tant à apprendre et à intégrer, elle représente la sagesse d'une vie dont ont parlé plusieurs auteurs[1] auxquels je vous réfère pour approfondir votre propre recherche du bonheur. Toutefois, il m'apparaît important d'aborder brièvement certains aspects de cette notion, étant à mon avis la meilleure façon de bien vivre sa vie et par conséquent de bien vivre sa mort.

Puisque le bonheur est un état, il faut donc se tourner vers l'«être» pour atteindre la paix intérieure tant recherchée. Le bonheur se manifeste toujours à la bonne heure, car il est tout simplement la manifestation toute naturelle de la vie. C'est l'ego, par ses attaches et sa volonté de dominer l'être, qui complique les choses.

> *Quand vous êtes présent, quand votre attention est totalement et intensément dans le présent, vous pouvez sentir l'être. Mais vous ne pouvez jamais le comprendre mentalement.*
>
> Eckart Tolle

Évidemment, le choix de vivre dans le moment présent implique de se détacher consciemment de tous les stratèges de notre ego afin d'accepter librement tout ce que nous rencontrerons sur cette route, y compris la mort qui représente l'ultime renoncement aux attaches terrestres. Pour être pleinement dans l'ici maintenant, nous ne pouvons nous attacher aux idées, aux choses, aux gens, sinon nous vivons au passé ou au futur.

Vivre dans le moment présent, c'est accepter en toute conscience le mouvement de la vie qui se présente à chaque instant, à chaque inspiration, à chaque expiration. Lorsqu'on met ces principes en pratique, on accepte de mourir à chaque respiration, à chaque minute, à chaque jour. Car en fait mourir, c'est accepter de passer à une autre étape et chaque moment de la vie n'en est pas différent.

---

[1]. Voici à ce sujet quelques références à consulter : Jacques Salomé, *Vivre avec soi*, Scott Peck, *Le Chemin le moins fréquenté*, Eckart Tolle, *Le pouvoir du moment présent*, Garu Zukav, *The seat of the soul*, Dan Millman, *Les Lois spirituelles de l'esprit*, Dalaï Lama *Transformer son esprit : sur le chemin de la sérénité*.

Une inspiration nous pousse inévitablement à l'étape de l'expiration et ainsi de suite. Nous faisons d'emblée confiance à ce mouvement respiratoire et il ne nous vient pas à l'idée de conserver nos poumons gonflés à bloc de peur de manquer d'air lors de la prochaine inspiration. Ainsi, telle la respiration, la vie coule librement sans attachement pour nous amener inévitablement vers la mort qui, à son tour, nous guidera vers une autre vie.

Résister à ce grand mouvement est ardu et vain, mais cela n'empêche pas l'ego de s'accrocher désespérément à tout ce qu'il peut pour éviter de voir l'inévitable. Retarder la mort lui sera certes possible, mais l'éviter définitivement, jamais ! En se cramponnant ainsi, l'ego nous empêche de vivre ce qui se présente à nous en soulevant toutes sortes de peurs. Ainsi, nous ne résistons plus seulement à la mort, mais à la vie aussi. Toutefois, en regardant la vie d'un angle plus vaste, nous constatons qu'il est plus facile de se laisser porter par le flux de la rivière que d'aller à contre-courant. Encore faut-il accepter de suivre le cours de cette rivière ! C'est assurément la partie la plus coriace, car Capitaine Ego a beaucoup de difficulté à laisser la barre, à abandonner ses repères connus pour voguer sur les eaux du cœur. S'abandonner à la vie apporte autant d'inconnu que de partir au bras de la mort. Cependant, ce choix ouvre la voie aux infinies possibilités divines, alors que tenir la barre ne peut nous mener plus loin que nos propres limitations pour nous faire manquer le bateau de nombreuses occasions. S'attacher et résister, c'est se limiter. Accepter avec détachement en vainquant ses peurs, c'est se propulser au-delà même de nos attentes.

Le plus beau voyage

*J'ai refait le plus beau voyage
De mon enfance à aujourd'hui
Sans un adieu, sans un bagage,
Sans un regret ou nostalgie.*

Claude Gauthier, *Le plus beau Voyage*

Notre libre arbitre nous permet de choisir ici la façon la plus confortable pour vivre sur cette belle planète bleue et personne ne saura s'imposer en juge pour évaluer ces choix. Toutefois, il importe de comprendre que la vie n'est rien d'autre qu'une grande pratique de la mort qui nous permet d'expérimenter encore et encore l'acceptation et le détachement requis pour cette grande finale qui nous attend tous.

C'est la façon dont nous nous préparons ici qui déterminera, comme nous l'avons vu dans la deuxième partie, notre parcours de l'autre côté des choses. Le bagage que nous emporterons dans l'autre dimension « s'achète » ici, par nos connaissances, nos expériences et les croyances qui leur sont rattachées. Et le prix à payer en « douleurs » pour s'offrir ce fourbi est parfois élevé ! Mais comme on dit si souvent, la paix n'a pas de prix, particulièrement la paix intérieure, primordiale à notre ascension. Il est certes important de partir l'esprit libre de toute contrainte, mais également libre de tout conditionnement qui limiterait notre ascension, car tout ce que nous croyons ici-bas existera de l'autre côté. Ainsi, si nous sommes convaincus d'aller en enfer, nous ne pourrons atteindre la Lumière à cause de cette perception. Nos pensées créeront cet enfer et nous y emprisonneront jusqu'à ce que nous puissions nous défaire de cette conviction.

Ce sont donc en grande partie nos pensées et nos croyances qui déterminent ce que nous vivrons de l'autre côté des choses. Tout ce qui nous y attend sera teinté, voire même complètement caché par nos propres perceptions. Nos pensées et nos croyances ne meurent pas avec le corps physique. Elles font partie des bagages que nous apportons avec nous. Le Ciel et l'Enfer n'ont d'autre existence que dans nos convictions profondes. Or, si nous sommes convaincus d'aller au Ciel, nous irons, et le ciel sera tel que nous l'avons imaginé. Si nous croyons qu'après la mort, il n'y a rien, nous nous retrouverons dans le néant. Bien que de l'autre côté de la rive, des Êtres de Lumière, nos guides et des parents et amis nous attendent, encore faut-il que nous ayons les yeux du cœur suffisamment ouverts pour les apercevoir. Voilà donc l'autre étape pour se préparer à mourir, celle d'élargir la vision de la vie, celle d'imaginer que le plus beau des voyages nous attend à notre mort. Au cours de certains accompagnements, j'ai senti l'influence qu'avait ce bagage sur le parcours à suivre. Il importe donc d'y regarder de plus près pour voir celui que l'on traîne déjà sans s'en rendre compte, d'en faire tout de suite le ménage et de demeurer vigilants pour y mettre par la suite seulement ce qui cadre avec notre vision de ce beau et grand voyage.

Que désirons-nous ? Comment imaginons-nous cet endroit ? Serons-nous seuls ? Qui nous accueillera ? Voilà autant de questions auxquelles nous pouvons répondre et qui feront surgir nos croyances. Ainsi, nous pourrons amorcer une saine réflexion et voir un peu plus où nous allons. Ce questionnement permet d'ouvrir nos horizons afin de mettre en place une imagerie mentale. Pour parvenir à la Lumière, il importe de la définir, d'expliquer ce qu'elle représente pour nous, de l'imager et de la rendre accessible. En fait, la Lumière c'est une vibration intense, un haut niveau d'énergie. Et le meilleur moyen de la représenter c'est l'état de grâce, peu importe lequel. Je vous propose, à cette fin, un exercice de visualisation intitulé « J'imagine mon ciel » (Exercice 9-B) à la page 168 du présent chapitre.

Il existe également d'autres façons d'imaginer notre ciel. Il suffit de penser aux cinq grandes religions qui nous offrent toutes un point de vue sur notre destination finale, une représentation de la Lumière. En notre for intérieur, si l'une d'elles offre une vision rassurante qui correspond à ce que nous décrivons comme notre plus beau voyage, appuyons-nous sur ces principes pour bâtir ce merveilleux périple. Mais il ne faut surtout pas rester accrochés à des concepts qui sonnent faux à notre cœur. Plusieurs religions, par leur enseignement d'un Dieu qui punit et qui expédie les damnées en enfer, qui offre le purgatoire aux impurs et le Ciel à ceux qui l'ont mérité, ont influencé les fidèles dans leur perception d'eux-mêmes et de leur avenir après leur passage sur Terre. L'Église Sauveur des Hommes s'est ainsi révélée être condamnante et exclusive, menant de nombreuses personnes à se croire indignes. Elles ont accepté l'idée qu'elles ne méritaient pas le Ciel et qu'elles devront éternellement purger leurs fautes. Et c'est ce qui leur arrivera de l'autre côté, non point à cause du jugement de Dieu, mais par leur propre condamnation envers elles-mêmes.

Pourtant, il n'y a ni Dieu qui punit ni Dieu qui juge. Nous l'avons vu dans la deuxième partie, nous sommes les seuls à évaluer notre vie en fonction des objectifs que nous nous étions fixés. Le seul jugement possible est donc de constater si oui ou non nous les avons atteints. Il n'y a aucune faute, que des apprentissages manqués. Nous sommes une partie de ce Dieu d'amour inconditionnel. Il ne peut ainsi y avoir de rejet, d'exclusion ni de punition. Cette conception de ce qui nous attend après la mort façonne les balises de notre destination. Il importe, en conséquence, de s'ouvrir à la Lumière, qu'elle porte le nom de Dieu, Allah, La Source, L'Éternel, et de croire qu'elle est notre seule et unique destination.

Il sera certes possible de faire des arrêts en cours d'ascension selon les besoins de notre âme, mais cela n'a rien à voir ici avec la vision du purgatoire qui porte en lui-même la notion de faute. L'expiation nécessaire pour se mériter le Ciel est, à mon avis, une déformation pure et simple du temps d'arrêt dont les âmes ont besoin pour intégrer les actions accomplies dans leur dernière vie et les résultats qui en découlent. Aucune des âmes que j'ai accompagnées n'a évoqué la notion de punition. Il n'y avait rien à purger, rien à se débarrasser, rien à expier. Au contraire, cette période transitoire entre les mondes vise l'intégration, l'apprentissage de ce qui n'a pas été compris ici-bas. Comment pourrait-il en être autrement puisque Dieu, c'est l'amour avec un grand A, l'amour qui pardonne, qui aime, qui comprend, qui apprend, qui donne et donne encore et que nous sommes parties intégrantes de ce Dieu d'amour?

> *Il n'y a jamais eu et il n'y aura jamais un bras divin distribuant sanctions ou récompenses. Il y a simplement des messages et des messagers que nous nous envoyons à nous-mêmes ou que nous adressons à autrui d'époques en époques. Pas nécessairement le résultat de ce que l'Orient appelle un karma pesant, mais aussi parfois la conséquence de ce que nous avons accepté de faire vivre à notre entourage pour le faire grandir.*
>
> Daniel et Anne Meurois-Givaudan

Imaginer le plus grand et le plus beau des voyages et sentir au plus profond de nous la certitude de sa réalisation, c'est franchir une étape importante dans la préparation à la mort. Évidemment, pour avoir la certitude d'accéder à ce petit coin de paradis que nous avons imaginé, nous devons sentir qu'il nous est accessible. L'amour et l'estime de soi jouent ici un grand rôle pour que se manifeste à nous la réalisation de notre paradis. Si fertile soit notre imagination, la beauté qu'elle aura pu susciter sera vaine si notre cœur en refuse le mérite.

> À moins que vous ne découvriez le paradis en vous,
> Vous n'avez pas la moindre chance d'y entrer.
>
> Angelus Silesius

Pour voir jaillir l'amour de soi, il faut éliminer les remords, la culpabilité, la peine, la colère, qui assombrissent notre intérieur et notre perception de nous-mêmes. Ces sentiments ralentissent notre course sur Terre et même au Ciel, car ils demeurent après la mort. Ils contribuent à créer notre ciel ou notre enfer. Pour pouvoir voler vers notre destination finale, il faut s'assurer de ne pas avoir, dans nos bagages, tous ces boulets qui nous retiennent au sol. Un grand ménage s'impose! Mais pourquoi attendre à l'annonce du trépas pour le faire puisque ces sentiments ne nous sont guère plus utiles ici-bas. Ici et maintenant, c'est le bon moment pour vivre pleinement. Ici maintenant, c'est le moment d'alléger nos bagages. Alors, je vous propose un exercice intitulé «Libération des émotions et de pardon» à la page 170 du présent chapitre.

La libération des émotions et des pensées négatives constitue une étape importante pour bien vivre sa vie et sa mort. Il existe une multitude de façons de s'en libérer, et ici encore, l'important n'est pas tant la méthode que le résultat[1]. Bien que cela puisse nous

---

1. Une méthode que je trouve particulièrement étayée est celle de Jean Monbourquette et Denise Lussier-Russell décrite dans «*Mourir en vie*», Éditions Novalis, Outremont, 1992.

paraître fastidieux, difficile, voire douloureux, là aussi se cache un trésor inestimable qui vaut d'être découvert, soit l'amour de soi.

Mon ciel, ma voie

Le ciel, tout le monde le veut et tout le monde y a accès sans exception ni exclusion. Mais il doit au préalable exister dans notre conception pour pouvoir se matérialiser. Le ciel n'existe donc pas dans l'Ombre des peurs et des remords. Il se construit dans la lumière de l'amour. Ainsi nous ferons notre ciel, en apprenant à aimer tout ce qui nous arrive y compris la mort, en apprenant à mourir au présent pour mieux renaître à chaque seconde. Aimer la mort, c'est aimer la vie, c'est aimer « sa » vie. Encore une fois, tout se résume à l'amour, tout naît de l'amour et meurt à l'amour. C'est lui le seul chef qui orchestre la majestueuse symphonie de la Vie avec tant d'habileté.

Cette simple transformation de la matière permet à l'âme de poursuivre sa route vers d'autres apprentissages, vers la réintégration totale de sa conscience divine. Chaque vie terrestre contribue à cette réintégration. Plus nous aurons connaissance ici-bas de cette divinité en nous, plus nous nous rapprocherons de la Lumière, de notre Source, de Dieu. Cette prise de conscience favorisera une vision élargie de la Vie elle-même et nous offrira une meilleure compréhension de notre passage sur Terre. La mort, dans cette optique, deviendra une occasion de croissance au quotidien. Aussi paradoxal que cela puisse paraître, se préparer à mourir, c'est se donner la possibilité de vivre enfin en paix.

> *Vous voudriez connaître le mystère de la mort.*
> *Mais comment le trouverez-vous,*
> *Si vous ne le cherchez pas au cœur de la vie ?*
>
> Kahlil Gibran

Exercice 9-A
Moments divins

Pour réaliser cet exercice de visualisation, il faut d'abord se placer dans une position confortable. Il importe aussi que notre environnement soit propice à l'intériorisation, à savoir un endroit calme, loin des bruits perturbants et des interruptions impromptues. Pour en faciliter la réalisation, vous pouvez demander à une personne de vous lire ce texte ou l'enregistrer sur une bande magnétique que vous écouterez à votre rythme.

Prenez une profonde inspiration en gonflant d'abord vos poumons puis votre abdomen. Expirez en dégonflant bruyamment l'abdomen puis les poumons. Répétez trois ou quatre fois cet exercice en centrant toute votre attention sur le processus de respiration. Portez maintenant votre attention au cœur en laissant votre respiration reprendre son rythme normal.

À l'aide de votre imagination, transportez-vous dans un jardin magnifique. La beauté des arrangements floraux vous éblouit et leurs doux parfums portés par une brise délicate vous transportent et vous enivrent. Une sensation de détente et de bien-être vous envahit. Votre regard se pose sur une magnifique rose rouge, finement perlée par la rosée du matin. La couleur rouge vous remplit et vous submerge. Vous savourez ce rouge éclatant et velouté.

Puis, c'est la chaleur et la douceur d'un intense orangé qui attire votre attention. C'est une hémérocalle à pleine maturité. Elle est magnifique. Sa couleur vous fascine et elle vous habite. Vous êtes enveloppé par cette couleur orange si réconfortante qui vous donne envie de respirer profondément.

Un léger parfum de pivoine chatouille vous narines et vous apercevez cette fleur non loin de l'hémérocalle. Elle est là, majestueuse et grande, s'offrant à vous dans toute sa splendeur, radieuse comme un soleil tant sa couleur jaune déborde de joie et d'éclat. Cette fraîche gaieté vous procure une sensation de légèreté très agréable.

Au loin, vous entendez le bruissement léger du feuillage se laisser bercer par le zéphyr saisonnier. Cette verdure tendre se marie subtilement avec l'arc-en-ciel de couleurs florales. Elle s'intègre au décor si discrètement et pourtant en y regardant bien, vous constatez qu'elle vous entoure totalement. Elle est partout autour de vous et vous procure une sensation de calme intérieur.

À travers les buissons dégarnis, se pointe un geai bleu qui cajole doucement. Vous l'observez chanter avec tant de spontanéité. Le bleu de son plumage vous fascine. Quelle couleur splendide ! Vous vous sentez littéralement porté par ce riche éventail de bleus tendres.

Vous suivez le geai dans son envolée vers un petit pavillon couleur indigo situé au fond du jardin. C'est la profondeur céleste de ce bleu qui vous attire. Jamais vous n'avez vu cette couleur avec autant d'intensité et de puissance et vous prenez conscience que tout votre corps s'imprègne de la force contenue dans ce bleu.

Au centre du pavillon se trouve une fontaine entourée d'une myriade de violettes incandescentes. Leurs pétales violets d'aspect velouté font monter en vous la douce sensation de la grâce. Vous êtes si bien et vous respirez à pleins poumons l'intensité de l'instant présent.

Vous sentez à présent l'irrésistible envie de vous approcher de la fontaine, car sa luminosité vous émerveille. Elle donne nettement l'impression de faire jaillir de la lumière tellement son eau est limpide. Votre regard se fond en elle et elle éclaire chacune des parties de votre corps. Cette sensation vous élève et vous avez l'impression de flotter.

Maintenant, approchez-vous davantage de la fontaine pour admirer tous les reflets qui se dessinent dans son bassin. Les jeux de lumière mêlés aux couleurs ambiantes forment un spectacle d'une beauté incommensurable. Vous êtes subjugué par la force de cette lumière intense qui émane de la fontaine. Fixant l'eau avec une attention soutenue, vous voyez apparaître le reflet d'un visage d'une grande splendeur. Ses traits sont fins et parfaits. Tout dans ce visage dégage l'amour et la joie profonde. Vous êtes ébloui par cette figure qui vous inspire tant d'allégresse. L'éclat de ses yeux attire votre attention. Instinctivement, vous plongez votre regard sans réserve dans le sien et vous éprouvez une telle chaleur au cœur.

À ce moment précis, vous savez au plus profond de vous-même que vous connaissez cet Être de Lumière qui se dessine à la surface de l'eau. Il n'y a aucun doute. Vous êtes en pays de connaissance et revoir ce visage si familier vous émeut au plus haut point. Il y a si longtemps, c'était avant votre venue sur Terre, assurément ! Pourtant en cet instant, il vous semble que c'était hier, que la séparation n'a jamais vraiment eu lieu.

L'amour dans son regard vous comble. Qu'elles sont sublimes ces retrouvailles ! Le temps se fond dans ce précieux moment d'éternité. Ne voulant rien perdre de cette mémorable rencontre, vous regardez de plus près la physionomie quasi angélique, aux traits parfaits, de ce visiteur inattendu. Penché en surplomb de la surface de l'eau, vous contemplez ce rayonnant visage et vous lui souriez pour marquer votre appréciation. L'Être de lumière vous retourne instantanément ce sourire. Cela vous surprend, ce qui fait passer votre visage à l'état de surprise. Ce changement se manifeste de la même façon à la surface de l'eau. Vous réalisez avec étonnement que cet Être de Lumière, c'est vous. L'eau de la fontaine ne faisait en réalité que miroiter le reflet de votre âme. Admirant la beauté de votre apparence divine, vous comprenez maintenant le grand émoi ressenti à la vue de cette physionomie. La grâce vous envahit et des larmes de joie perlent sur vos joues. Vous restez là à goûter pleinement ce moment d'extase.

Gardant l'image de ce visage divin, vous reprenez contact avec votre corps en bougeant légèrement les pieds, les mains, la tête. Quand le cœur vous en dit, ouvrez vos yeux.

Exercice 9-B
J'imagine mon ciel

Les consignes de réalisation de cet exercice sont identiques à celles de l'exercice 9-A.

Fermez les yeux. Prenez plusieurs grandes inspirations et portez votre attention dans votre cœur. Sentez ses pulsations, son rythme. Sentez le seul bien-être d'être là à profiter d'un moment seul avec vous. Sentez la joie du moment présent. Vous pouvez également penser à un événement joyeux de votre vie, au sourire de votre enfant, à la tendresse d'un regard pour susciter en vous cette joie. Conservez votre attention sur cette joie afin qu'elle prenne toute la place, qu'elle circule dans tout votre corps. À chaque inspiration, la joie vous remplit. Vous êtes maintenant cette joie, vous la ressentez pleinement partout dans votre corps. Savourez-la.

Dans cet état de grâce, imaginez un décor autour de vous, comme si cette joie s'imprimait dans l'espace qui vous entoure. Placez-y ce qu'il y a de plus beau à vos yeux, cela peut être un jardin, une pièce intérieure, un arbre, un lac, la blancheur de la Lumière, bref ce qui vous inspire et vous fait sentir bien en ce moment. Admirez la beauté de ce décor et sentez-y toute la joie qu'elle représente. Ressentez-y la paix et le bien-être. Ressentez toute la luminosité de cet endroit merveilleux.

Les couleurs s'offrent à vous dans leurs plus belles et plus éclatantes teintes. Vos yeux sont émerveillés de tant de beauté. Vous remarquez, dans tout cet éclat lumineux, un point d'une blancheur infinie. Fixez votre attention sur cette petite lumière étincelante. En l'observant de plus près, vous constatez qu'elle se déplace et s'avance doucement vers vous. Au fur et à mesure qu'elle s'approche, elle se transforme en halo et vous y découvrez peu à peu la silhouette d'un Être magnifique au regard tendre. Il vous sourit et vous tend les bras.

Cet Être qui dégage tant d'amour, vous le reconnaissez. C'est ...[1]. Vous êtes si heureux de le (la) revoir à nouveau. Ces retrouvailles vous font vibrer d'amour. Vous ressentez intensément sa présence et sa joie d'être auprès de vous en ce moment.

En ce moment, cette indescriptible sensation de bien-être vous est familière. Elle vous rappelle votre maison céleste. Vous la reconnaissez, la savourez. Elle s'imprègne dans votre corps pour ne plus jamais s'effacer. Regardez autour de vous et mémorisez chaque détail de ce lieu, chaque trait de ce merveilleux Être qui vous accompagne. Remémorez en votre cœur cette joie infinie qui vous habite dans ce lieu unique qui est vôtre.

Le cœur gravé à jamais de ces images et de ces sensations sublimes, dites maintenant au revoir à l'Être présent à vos côtés. Rempli de gratitude, consentez à quitter cet endroit de paix, sachant avec certitude que vous pourrez le visiter à volonté. Portez votre attention au cœur et savourez encore la joie de ce moment. Quand vous vous sentez prêt, bouger lentement les pieds, les bras, la tête et ouvrez les yeux.

---

1. Ici, vous pouvez choisir l'être qui vous convient le mieux. Cela peut-être votre guide, votre ange gardien, un Être de Lumière avec lequel vous avez des affinités, un membre de votre famille terrestre décédé, Dieu, etc).

Exercice 9-C
Libération des émotions et pardon

Avant de débuter l'exercice, lisez l'exercice au complet pour connaître toutes les étapes afin de ne pas interrompre son bon déroulement. Il est préférable de faire toutes les parties dans une même période de temps pour ne pas rompre le processus du pardon.

Partie 1 :

Installez-vous dans un endroit confortable, calme et propice à l'écriture, muni de plusieurs feuilles de papiers et d'un crayon et peut-être aussi d'une boîte de papiers-mouchoirs. Prenez quelques bonnes respirations et pensez à une émotion dont vous aimeriez vous libérer. Par exemple, vous êtes en colère contre votre conjoint qui ne reconnaît pas votre valeur. Sur une feuille, décrivez dans vos mots comment vous vous sentez en y pensant. L'important ici consiste à décrire l'émotion afin de bien l'identifier.

Partie 2 :

Dans un deuxième temps, prenez une seconde feuille de papier et adressez-vous à la personne ou à l'événement qui a causé cette émotion en vous. En reprenant l'exemple plus haut, vous vous adressez à votre conjoint. Dites-lui tout ce qui vous passe par la tête. N'ayez pas peur d'exprimer vos pires sentiments, car personne d'autre que vous n'aura accès à cette conversation avec vous-même. Tout doit sortir. Prenez vraiment le temps d'aller au bout de votre émotion et de la libérer entièrement. Lorsque vous avez terminé, vous devez sentir un poids de moins en vous, vous devez vous sentir libéré. À défaut, continuez d'écrire jusqu'à l'obtention de cette sensation de libération.

Partie 3 :

Tournez ce document pour ne plus voir ce qu'il contient et prenez une autre feuille de papier. Vous allez maintenant changer de rôle. Vous n'êtes plus la personne blessée, mais vous devenez l'élément responsable de cette blessure. Vous allez cette fois parler pour et au nom de cet élément, votre conjoint dans le cas cité précédemment[1]. Vous prenez donc son rôle pour quelques instants et vous écrivez pourquoi les choses se sont passées ainsi. En fait, vous vous demandez : Si j'étais à sa place pourquoi aurais-je fait cela ? Qu'est-ce qui m'aurait poussé à agir ainsi ? N'oubliez pas que vous êtes l'élément responsable. Encore une fois, dites tout ce que vous avez à dire. Allez jusqu'au bout de vos pensées. Lorsque la troisième partie de l'exercice est terminée, vous devez avoir le sentiment de voir la situation sous un autre angle afin d'amorcer un processus de compréhension.

Maintenant, prenez la première partie de l'exercice et relisez-la. Voyez si votre malaise persiste encore. Si vous avez réellement vidé votre sac à propos de cette émotion, vous devriez ici vous sentir déjà mieux. Prenez ensuite la deuxième partie et la troisième partie et lisez-les, sans interruption, une après l'autre. Vous pouvez les lire plusieurs fois si le besoin s'en fait sentir. Après, prenez un temps pour vérifier comment vous vous sentez maintenant. Faites une courte prière de pardon[2] pour votre paix intérieure et celle de l'autre personne concernée, le cas échéant. Visualisez-vous libre et parfaitement libéré.

Partie 4 :

Prenez l'ensemble des feuilles utilisées pour cet exercice et détruisez-les. Il est important de ne pas conserver ces feuilles pour

---

1. Il ne s'agit pas ici de deviner ce que l'autre pense, mais plutôt de prendre sa place afin de changer notre vision du conflit intérieur.
2. Exemple : En ce moment, mon cœur est libre de toute colère et de toute rancune. Je me pardonne pour toutes les pensées, les actions et les gestes de non-amour que j'ai eus envers moi et envers mon conjoint. Je bénis mon conjoint pour cette leçon vécue aujourd'hui et je lui pardonne également tous les gestes de non-amour qu'il a pu avoir envers moi.

terminer de dégager l'émotion visée. Vous pouvez prendre le moyen qui vous convient le mieux pour les détruire : les brûler, les déchiqueter, les enterrer dans un endroit symbolique, les jeter à l'eau. Mais pour réellement terminer le processus de pardon, il ne faut pas les conserver.

Partie 5 :

Observez les changements intérieurs. Observez la synchronicité des événements qui surviendront dans les prochains jours face à l'élément déclencheur.

Si votre émotion n'est pas complètement disparue, recommencez le processus en tentant d'identifier plus précisément l'émotion à libérer.

Chapitre 10

Guider l'âme

> *Le plus important est de prendre soin de l'esprit du mourant. Il y a beaucoup d'autres personnes qui peuvent prendre soin du corps, mais nous pouvons prendre soin de l'esprit.*
>
> Lama Zopa Rinpoché

Nous nous sentons immortels tant et aussi longtemps que nous ne sommes pas confrontés de près ou de loin à notre échéance. L'âme qui nous anime connaît déjà son immortalité et voilà que pendant ce court voyage sur Terre, nous perdons de vue le rôle à jouer ici-bas au point de nous confondre avec le personnage à interpréter et d'adhérer complètement au rôle. Alors, bien inconsciemment nous espérons le jouer éternellement en oubliant que nous aurons à retourner dans notre véritable chez-nous. Nous sommes certes des êtres immortels venus expérimenter l'humanité, mais cette humanité, elle, prendra fin un jour.

Voilà donc la seule certitude absolue que nous ayons tous en ce bas monde et elle se définit comme l'« impermanence » des choses, l'impermanence de toute vie physique. Tout est en mouvement, tout est appelé à se transformer, notre vie n'y échappe pas. Forts de cette évidence, nous, les humains dotés d'une conscience dite « supérieure », pouvons offrir à toute vie qui nous entoure, le soutien et l'aide nécessaire pour traverser les bouleversements causés par ce perpétuel mouvement. Nous avons tous ce pouvoir, mais sommes-nous prêts à l'exercer, particulièrement lorsque notre intervention vise à accompagner un être cher vers sa mort ou à traverser les étapes d'un deuil ? Cela remue en nous tant de peurs, d'angoisses et de croyances face à la mort que nous en sommes rapidement désarmés au point de lever tous nos boucliers de protection. Pouvons-nous être aidants lorsque nous nous terrons derrière de telles barrières ?

La force et le pouvoir d'aide en nous résident dans l'ouverture du cœur. Aider, c'est accepter de se mettre à nu devant l'autre pour son propre bénéfice et cela demande de laisser tomber toutes les barricades, les masques et les armures. Il ne saurait y avoir de véritable soutien sans amour ni compassion, qui sont les attributs du cœur. Afin de mettre à profit notre merveilleux pouvoir d'assistance envers les autres dans l'ultime manifestation de l'« impermanence », c'est-à-dire le passage vers la Lumière, il nous faut, au préalable, oser regarder la mort en face, la dévisager pour la connaître le mieux possible. Ainsi seulement, nous cesserons de la fuir et accepterons d'affronter les peurs que sa seule évocation nous fait vivre. Il nous sera alors possible, même en tremblotant, de marcher à ses côtés. Grâce à cette volonté de faire face à nos peurs du trépas, nous pourrons véritablement être aidants pour ceux qui, prochainement, approchent de leur finitude. Qu'ils soient prêts ou non à faire le grand saut, ces individus auront besoin d'être soutenus, d'être accompagnés, de sentir l'amour et la compassion autour d'eux. Forts de ce soutien intangible et pourtant bien réel, ils pourront élever leurs propres vibrations pour franchir avec plus d'assurance le passage vers la Lumière.

Au cours de ce chapitre, nous envisagerons les besoins de l'âme (et non ceux du corps qui se meurt) dans le but de faciliter le passage vers la Lumière et également de faciliter le travail de l'accompagnant. L'objectif visé ici est de donner des actions concrètes à poser pour le soutien de l'âme dans son élévation. Nous sommes souvent démunis en présence de la mort et lorsque nous nous sentons appelés pour accompagner une âme, un exemple de démarche à suivre peut servir d'aide-mémoire pour retracer le chemin du retour à la Lumière que nous connaissons déjà. Les exercices en fin de chapitre (pages 199-209) sont évidemment teintés des couleurs de mon âme et de ma personnalité. Ils sont donc offerts à titre d'exemples et ils ne sauraient être une unique méthode à suivre. La voie de notre cœur reste toujours la meilleure.

Il m'est aussi nécessaire ici de souligner l'importance du travail d'accompagnement qui se fait déjà tant aux niveaux physique, psychologique que spirituel. Je n'ai pas la prétention ni même l'expertise pour ajouter quoi que ce soit à ce renfort si bénéfique. Ma vision de la mort me pousse pourtant à voir au-delà de ces gestes et rituels accomplis ici-bas pour y adjoindre l'intention de guider l'âme qui entreprend son retour céleste.

Guider dans l'amour

Peu importe le niveau de préparation d'une personne face à la mort, face à sa religion ou face à ses croyances, nous pouvons toujours contribuer à l'aider à s'élever simplement par l'amour et la compassion que nous lui portons puisque cela agit directement sur son niveau vibratoire. La personne en fin de vie ne sera pas nécessairement prête à accepter la mort, à en parler ou à partager votre point de vue. Toutefois, de diriger sciemment notre attention vers son âme en lui ouvrant notre cœur suffit. La présence physique n'est par requise pour que les effets se manifestent. Lorsque nous travaillons au niveau énergétique, la distance n'a pas d'importance.

> *Il nous est demandé de guider celui qui part en empruntant sa propre langue. C'est la qualité, la pureté de notre amour qui prime, car cet amour est le véritable fil directeur de l'âme, l'échelle le long de laquelle elle se hisse pour se trouver.*
>
> Daniel et Anne Meurois-Givaudan

Nous savons tous que l'amour pur est un baume des plus réconfortants. Comme dit Michèle Lefebvre dans le conte intitulé *Pour l'amour de Bretzel*, « Nos cœurs sont de grands soleils brûlants. Leurs rayons transportent l'amour que l'on ressent... la souffrance, comme les glaçons, fond sous la chaleur de nos cœurs. » L'amour fait donc des miracles ici-bas, car il est énergie et vibration qui se transmet au-delà des mots, des gestes et des regards. Il enveloppe l'autre totalement pour lui insuffler la force et le courage nécessaire pour faire face à ce qui se présente à lui. L'amour pur et inconditionnel est sans emprise et offre des ailes à l'autre. Il ne cherche point à convaincre, car il sait que cela relève des jeux de pouvoir et de contrôle du mental. Le véritable amour, c'est celui qui existe sans attache, dans la liberté d'être totalement soi sans enfreindre l'espace de l'autre.

C'est compliqué d'aimer, me direz-vous ? Certes, c'est assez complexe, l'amour vu par le mental ! Ce dernier voit l'autre par le filtre de ses propres peurs et de ses jugements. Mais aux yeux du cœur, aimer, c'est vivre dans le moment présent tout simplement, car on ne peut « être » que dans la conscience du cœur. Alors, dans une démarche d'accompagnement, le seul fait d'être là physiquement ou en pensées, sans masque, sans barrière pour cacher notre propre vulnérabilité, constitue un don précieux pour la personne en fin de parcours. L'important ici consiste donc à faire le choix conscient de se laisser guider par notre cœur et de faire l'effort de lui laisser toute la place. Un exercice de centration (10-A) intitulé « Se centrer dans la conscience du cœur » est proposé à la page 199.

En présence de la personne en fin de vie, nous pouvons, par notre attitude aimante et accueillante, l'aider à évacuer les émotions négatives qu'elle garde en elle. Il n'est point nécessaire qu'elle s'ouvre à nous pour sentir que notre tâche est exécutée. Il suffit simplement de prêter attention aux changements, si subtils soient-ils, qui surviendront après nos interventions. L'amour est une puissante vibration qui bouscule en douceur tout ce qui se trouve sur son passage. Même les structures les plus ancrées en seront ébranlées. Voilà pourquoi, la conversion de l'autre à nos idéaux est futile, car l'amour fait un bien meilleur travail que toutes les paroles énoncées, même par un brillant orateur.

> *Il vaut mieux mettre son cœur sans trouver de paroles que de trouver des paroles sans y mettre son cœur.*
>
> Gandhi

Le but recherché dans l'accompagnement de l'âme est de faciliter la communication et la transition entre les mondes, ainsi que de permettre à l'âme de trouver la Lumière. Nous devenons en quelque sorte un amplificateur pour que cette âme soit entendue par le cœur de l'être que nous accompagnons. Et pour cela, il importe de s'ajuster à l'autre, même lorsque nous intervenons à distance. Le respect de ses croyances, de l'intégralité de son être s'impose, car lui aussi est un être divin venu expérimenter la vie dans la matière. En regardant cette personne avec les yeux du cœur, les actions, les paroles, les gestes s'imposeront d'eux même au bon moment, dans un ordre bien établi.

J'ai demandé à ...

Daniel Meurois-Givaudan[1] ce qu'il ferait au niveau spirituel pour accompagner une âme vers sa maison céleste (une action, geste concret pour guider l'âme qui s'apprête à quitter le plan terrestre)?

« Je poserai simplement et doucement ma main sur celle de la personne qui s'apprête à s'envoler. Je ne la "saisirai" pas pour ne pas y imprimer de pesanteur mais je ferai en sorte que mon geste soit une sorte de caresse toute de tendresse. Une présence qui parle d'écoute, de simplification et d'espoir... Il m'est souvent arrivé d'être là lors d'un départ et j'ai constaté que c'est toujours ce qu'il y a de plus simple qui procure le baume réclamé par l'âme. La simplicité c'est la douceur... et la douceur offre immanquablement sa part de joie silencieuse. »

---

1. Daniel Meurois-Givaudan est auteur et conférencier. Il a écrit et co-écrit plus de 21 livres, dont notamment *Chronique d'un départ : afin de guider ceux qui nous quittent, Les neuf marches : histoire de naître* et *de renaître* aux Éditions Sois et *Le non-désiré* et *Vu d'en haut : un rendez très particulier* aux Éditions Le Perséa.

La magie de la prière

> *Si vous vous engagez sincèrement dans prière, toutes vos prières seront exaucées; mais si vous récitez cent prières insincères et vous continuerez de tout bousiller, d'échouer dans votre travail.*
>
> *Les prières dites par habitude sont comme la poussière qui s'éparpille au vent; les prières qui atteignent la cour de Dieu viennent de l'âme.*
>
> Hakim Sanaï

Nous pouvons également augmenter les effets de l'amour offerts par les bienfaits de la prière consciente, c'est-à-dire en mettant au service de la personne que nous accompagnons notre pouvoir divin par le biais de pensées, de méditation et de recueillement. La prière permet en effet de « *nouer une relation avec quelque chose qui nous dépasse*[1] ». L'ouverture de notre cœur est certes un grand bénéfice pour l'âme accompagnée, mais les effets de la prière consciente décuple nos efforts, comme si tout l'univers se rangeait derrière nos intentions pures dans un effort de concertation pour le bénéfice commun. Prier, c'est mettre consciemment son énergie au service de l'autre pour l'amour de l'autre, de Dieu ou de la vie avec un grand « V ». Des exemples de prières sont offerts en annexe du présent chapitre (exercice 10-B, pages 201 et suivantes), mais ils demeurent des exemples. Il est parfois préférable de laisser spontanément jaillir les mots plutôt que de réciter une prière toute faite, car pour qu'elle soit exaucée, elle doit provenir du cœur et non de la tête.

Ainsi, c'est par le ressenti du cœur que les prières trouvent l'élan nécessaire à leur envol. Les prières suggérées doivent donc demeurer des exemples dans le seul but de susciter l'imagination et l'ouverture du cœur de chaque lecteur. Nous portons en nous tous les mots nécessaires pour habiller nos profondes intentions et nos

---

1. Guy Finley, *Prier pour lâcher prise*, p. 28.

louanges. La mère de Frédéric[1] m'a raconté comment elle avait été inspirée au moment de la mort de son fils alors qu'elle et cinq autres personnes entouraient Frédéric et lui tenaient la main. Elle a alors reçu des mots qui n'étaient pas les siens, mais qui devaient être prononcés. Son allocution spontanée n'était pourtant pas laissée au hasard. À ce moment, c'était son âme qui s'exprimait et elle en a ressenti toute la grâce et l'amour.

La clé de la réussite réside ici dans l'intériorisation afin de laisser surgir le langage du cœur. Cela demande inévitablement de quitter la zone du mental, la tête, qui agit trop souvent pour répondre à ses propres besoins. Pour véritablement aider l'autre, il faut faire fi de nous, de notre personnalité, pour mettre en priorité le bénéfice de l'autre. C'est dans l'amour absolu que naîtront la réalisation et la matérialisation de la prière.

> *Mais la prière utilisée comme moyen de parvenir à une fin personnelle n'est que vol et méchanceté. Elle suggère le dualisme et non l'unité de la nature et de la conscience. Dès qu'un homme est uni à Dieu, il cesse de mendier et voit alors une prière dans toute action.*
>
> R.W. Emerson

Les intentions pures peuvent prendre une forme autre que la traditionnelle oraison. Un chant, une mélodie, un mantra, une citation, un conte, une illustration, que nous aurons imaginés, représentent autant de moyens servant les mêmes fins, s'ils sont exprimés avec la noblesse du cœur. En fait, ce n'est pas le moyen d'expression de la prière qui lui donnera sa puissance, mais le dessein qu'elle sous-entend. Nous pouvons très bien utiliser une œuvre musicale ou une toile, voire même un poème, qui nous font vibrer intérieurement en transmettant ces belles vibrations à la personne que nous accompagnons. Cela apaisera non seulement sa douleur et son inconfort, mais

---

1. Voir chapitre 5, page 88.

nous collaborerons en plus, à augmenter de son taux vibratoire. Laissons donc cette magnifique voix en nous choisir le mode d'expression de nos litanies et contemplons-en avec émerveillement les effets miraculeux.

S'oublier sans s'oublier

Être au service de l'élévation d'une âme demande évidemment beaucoup d'énergie et de disponibilité. Ce rôle d'accompagnant servira certes à solidifier notre rapport avec la mort, mais il nous confrontera également dans nos convictions, il nous poussera à mettre en pratique le détachement et l'acceptation et nous mènera inévitablement dans des sentiers inconnus. En mettant notre cœur à nu pour laisser couler l'amour et la compassion, nous aurons à vivre avec la personne accompagnée des moments intenses de joie, de peine, de colère, d'impuissance et peut-être aussi de découragement passager, et certainement de grands bonheurs. La mort et son processus sont pareils à la vie elle-même et par conséquent, ils sont composés de toute la gamme des émotions humaines.

Le choix d'accompagner l'âme d'une personne chère demande d'être très attentifs à notre ressenti, au langage de notre cœur. Un bon accompagnant, c'est d'abord et avant tout quelqu'un en mesure de bien s'accompagner soi-même. Je ne puis écouter l'autre, être pleinement disponible pour lui si je réprime sans cesse mes propres douleurs, car ma tête refusera alors d'entendre la douleur de l'autre. Elle cherchera seulement un moyen d'exprimer la mienne. Pour laisser place au cœur, il faut que la tête y consente et elle ne le fera que dans la mesure où sa propre sécurité n'est pas affectée. Le temps d'intériorisation nous permet alors de prendre conscience de ces douleurs, de les voir avec les yeux du cœur pour les dissoudre. Comblée dans ses propres besoins, la tête acceptera d'emblée que notre cœur soit au service de l'autre.

Cela marque l'importance de trouver le juste milieu entre le don de nous-mêmes au profit de l'autre et le manque de contact avec soi. Dans le tumulte du quotidien, il est parfois fort difficile de percevoir la douce voix de notre intuition et cette difficulté peut être accrue si s'ajoute en plus, la conjoncture d'un accompagnement. Pourtant, pour réussir à bien guider une âme, c'est un prérequis que d'être en contact avec notre cœur dégagé de tout tracas, d'où l'importance d'organiser notre horaire pour y intégrer des moments de solitude et de silence. Ces périodes seront bénéfiques pour retrouver notre équilibre et notre centration.

Une des premières choses à pratiquer pendant ce laps de temps, c'est l'enracinement puisqu'il nous permet de nous relier à la Terre, de solidifier nos bases et par le fait même de nous donner de la force. Il permet aussi d'évacuer toute forme d'énergie non désirée pour ensuite se remplir d'énergie vivifiante et régénératrice. De façon consciente, nous amorçons ainsi un grand ménage régulier, voire quotidien, évitant les ravages causés par l'accumulation de toute forme d'énergie néfaste. L'exercice d'enracinement proposé à la page 44, à la fin du chapitre 2 peut être effectué lorsque nous avons simplement besoin de nous intérioriser. Si toutefois, nous ressentons le besoin d'évacuer des émotions intenses et de nous libérer l'esprit, il y a à la fin de ce chapitre un exercice d'évacuation (exercice 10-C, page 205) à être effectuer avant l'enracinement.

Nous pouvons aussi référer à l'exercice 10-A sur la centration, à la page 199, si nous manquons réellement de temps pour faire un exercice plus approfondi. Toutefois, il n'est pas souhaitable de recourir uniquement à un exercice de courte durée qui vise à se rebrancher rapidement avec notre source divine, car son efficacité diminue sensiblement lorsque notre équilibre est perturbé par les aléas de la vie. La pratique d'une centration plus profonde s'avère donc nécessaire pour demeurer en harmonie et pour faciliter le contact avec notre source divine en tout temps.

Pour être un accompagnant réellement aidant au niveau de l'âme, nous devons élever nos propres vibrations en nous rebranchant à notre source. Plus notre énergie est élevée, plus nous nous rapprochons de la Lumière et par conséquent de l'unification avec cette source lumineuse. Nous entrons ainsi en contact avec tout ce qui existe et qui se vit. Ce faisant, nous devenons tel un soleil qui éclaire, qui réchauffe et qui favorise l'éclosion de la vie.

> *L'idée même de l'illumination est la plus grande plaisanterie qui soit. C'est une plaisanterie parce que c'est essayer d'obtenir quelque chose qui est déjà là. C'est essayer d'aller quelque part où vous êtes déjà... Vous êtes illuminé dès le début. L'illumination est votre nature. L'illumination n'est pas quelque chose qui doit être réalisé ; ce n'est pas un but, c'est votre source. C'est votre énergie même.*
>
> Osho

Nos peurs, nos doutes et nos perturbations émotives, comme les nuages, voilent partiellement et parfois presque totalement notre rayonnement. Ces derniers ayant une vibration plus basse, ils nous maintiennent dans des vibrations terrestres et ne favorisent pas l'élévation de l'âme. Voilà pourquoi, pour bien faire notre travail d'accompagnant, nous devons nous élever au-dessus de ces nuages afin que nos rayons puissent atteindre l'âme.

> *L'homme ordinaire déteste la solitude. Mais le Maître sait l'utiliser, appréciant sa solitude, réalisant qu'il est un avec l'univers.*
>
> Lao Tzu

Les moyens proposés ici pour favoriser cette élévation du taux vibratoire constituent une façon qui me sied fort bien. Toutefois, ils peuvent s'avérer moins appropriés pour d'autres. Certaines personnes vont retrouver leur centration par la contemplation de la nature, d'autres en écoutant de la musique, en peignant ou encore en pratiquant le yoga. Il n'y a pas qu'une seule méthode pour y parvenir. Et là aussi, c'est notre cœur qui nous dictera la voie qu'il apprécie le plus. Ce qui importe, c'est de laisser une place au quotidien pour ces retrouvailles avec le cœur. C'est également par le biais de cette centration que nous sentirons notre force intérieure et tout le soutien que l'amour universel peut nous offrir par la présence des Êtres de Lumière, de Dieu ou de la Source.

Nous ne sommes jamais seuls et nous avons à notre portée toutes les ressources dont nous avons besoin. Dans les moments difficiles de l'accompagnement, n'hésitons pas à demander à cette force de Lumière de nous éclairer, de nous soutenir avant de débuter une méditation ou un exercice d'intériorisation. Cela nous permettra de ressentir toute la force qui existe en nous. Même si cela peut être contraignant ou nous demander une rigueur disciplinaire de prendre un moment de centration alors que nous sommes bouleversés, cette période, si petite soit-elle, nous offrira des bénéfices immédiats.

Tout comme l'exercice physique nous permet de maintenir notre corps en forme, le rend plus souple et vigoureux, la centration régulière favorise, quant à elle, l'équilibre émotionnelle, l'élévation du taux vibratoire et, par le fait même, l'accès à La Source infinie de connaissance, d'aide, de support, d'amour et de joie. Cependant, comme il n'est point besoin d'être un marathonien professionnel ou un athlète olympique pour être en forme, il n'est certes pas nécessaire d'être un grand yogi pour participer à un accompagnement d'âme. Et comme le dicton le dit si bien, c'est en forgeant qu'on devient forgeron.

Le passage vers la Lumière

Il n'est pas rare de constater que plus le passage vers la Lumière est imminent, plus la personne qui s'apprête à le franchir reçoit des signes, soit par le biais de pressentiments, soit par des pensées fréquentes à des parents décédés, soit par des besoins de tout laisser en ordre ou de finir une tâche. Dans les semaines avant sa mort, mon grand-père Adrien racontait souvent avoir rêvé à sa mère, décédée depuis de nombreuses années. Elle lui disait qu'elle l'attendait. De même, dans les jours qui ont précédé ma rencontre dans l'au-delà avec l'âme de Mélanie, cette dernière voyait, en regardant dehors, son frère décédé lui faire des signes pour lui dire de s'en venir. Ce sont là des manifestations très fréquentes qui parviennent avant la mort et qui peuvent être très utiles pour l'entourage de l'être qui s'apprête à quitter la dimension terrestre.

Plusieurs personnes ont remarqué ce phénomène lors d'une mort imminente. Entre autres voici ce qu'en dit Élisabeth Kübler-Ross[1] : «... je surveillais chez mes mourants avec une sensibilité et une attention accrues, tous ces phénomènes inexpliqués qui se présentent juste avant la mort. Nombreux sont ceux qui commençaient à «halluciner» et à répéter les paroles de proches qui étaient décédés avant eux et avec lesquels ils semblaient avoir une sorte de communication. Quant à moi, je ne pouvais ni voir ni entendre ces êtres. J'observais également que même les malades les plus rebelles et difficiles se détendaient peu avant la mort et dégageaient un calme solennel, les douleurs ayant cessé bien que le corps fût envahi de tumeurs et de métastases.»

Et, combien d'histoires avons-nous entendues au sujet de personnes décédées subitement qui avaient laissé une note avant de partir au travail, qui avaient laissé un livre ouvert offrant ainsi un mot d'adieu ou encore qui écoutaient, dans leur voiture, une musique si symbolique au moment de l'impact? Notre âme connaît le moment de notre mort et malgré l'amnésie de notre mémoire physique, nous ressentons ce moment à l'avance sans pouvoir l'identifier concrètement. Les signes offerts ne sont pas toujours perçus comme de véritables conversations, mais beaucoup plus souvent comme un délire ou des hallucinations. Voilà pourquoi en tant qu'accompagnant, nous devons être à l'écoute de ces manifestations. Elles constituent de si belles occasions de préparer la personne en fin de vie à ce passage et de la rassurer sur ce qui l'attend dans l'autre dimension! C'est une porte grande ouverte sur les confidences.

---

1. Élisabeth Kublër-Ross, La mort est un nouveau soleil.

> *On me demande souvent ce que je compte faire au moment d'émettre mon dernier souffle. C'est une question d'une importance cruciale que trop peu de gens se posent aujourd'hui. Ma réponse est la suivant: « Je vais demander de faire l'expérience de mon moi supérieur. »*
>
> William Buhlman

Puisque l'âme de la personne qui s'apprête à faire le grand saut en connaît l'heure, en tant que guide, notre tâche est d'aider cette âme à se faire comprendre, de l'aider à atteindre la personnalité rattachée à cette âme afin qu'elle se libère de ses peurs, de ses colères, de sa culpabilité pour pouvoir s'élever en paix. Cette âme aspire à la Lumière et elle doit, pour la retrouver, franchir toutes les barrières de l'ego. Sachant cela, nous pouvons lui donner un coup de pouce. Les prières d'élévation et d'ascension proposées en fin de chapitre (exercice 10-B, page 201) sont un moyen de favoriser ce contact. Il existe évidemment d'autres façons de susciter l'ouverture de cœur et l'ascension[1]. Que ce soit au niveau énergétique, à l'aide de certaines musiques, de certains chants ou mantras[2] qui ont également cette propriété, de différents accessoires comme des chandelles ou de l'encens, notre présence consciente lors de l'élévation de cette âme saura lui être bénéfique.

La méthode choisie doit évidemment nous inspirer. Toute technique, si bonne soit-elle, sera totalement infructueuse si nous n'avons aucune affinité avec elle. Puisque nous sommes un canal de lumière pour la personne accompagnée, nous devons trouver des outils qui nous stimulent sans pour autant agresser l'autre. Ainsi, l'harmonie chez la personne accompagnée dans son environnement passe

---

1. Anne et Daniel Meurois-Givaudan proposent plusieurs exercices simples dans *Chronique d'un départ, afin de guider ceux qui nous quittent*. William Bulman, quant à lui, suggère des phrases clés à dire pour favoriser l'ascension dans *Le secret de l'âme*.

2. Il existe d'ailleurs des enregistrements spécialement élaborés pour l'élévation de l'âme: Terry Oldfield, *In the presence of the Light* et Illumination, Michel Pépé, *Transcendance* et Les ailes de la Lumière, Jean-Marc Staehlé, *Dimension Lumière* et *Au cœur de la Lumière*, S. Sai Shivananda, *Om Mani Padme Hum hri* et *Om : La vibration universelle*.

inévitablement par l'écoute de notre ressenti afin d'être à l'affût de toutes les manifestations qui peuvent aider ou nuire à nos efforts. D'instinct, nous savons ce qu'il y a à faire et comment le faire. Il faut simplement apprendre à s'en souvenir et c'est à cela que sert toute l'information disponible à ce sujet. Notre âme sait déjà comment favoriser l'élévation des vibrations auprès de la personne accompagnée, laissons-nous donc guider par elle pour être pleinement aidant pour l'âme qui prend son envol.

> ### J'ai demandé à...
>
> **Suzanne Bernard**[1] : Pensez-vous qu'il soit possible d'aider une âme à s'élever vers sa demeure céleste ? Si, oui que feriez-vous concrètement ? Voici ce qu'elle m'a répondu :
>
> « À mon avis, nous pouvons aider les âmes à s'élever si nous acceptons leur départ. Pour ce faire, je prononcerais simplement : « Va vers la Lumière ». Je crois beaucoup en la simplicité des actions posées et des paroles prononcées. Dans ce domaine, l'important, pour moi, c'est le langage du cœur. Le mental n'est d'aucune utilité pour accompagner une âme, seul le cœur peut agir car il va toujours à l'essentiel. »

En tant que guide, nous devons également prendre en considération tous les boulets qui peuvent retenir l'âme ici-bas, puisqu'ils ralentissent et même freinent sa progression. Ces boulets sont représentés par les émotions négatives, les préjugés, les peurs et le refus d'accepter le départ, tant chez la personne accompagnée que dans son entourage. Et, de toute évidence, nous faisons partie de cet entourage ! Alors, il demeure important de surveiller toutes nos pensées, nos paroles et nos actions pour atteindre nos objectifs.

---

1. Suzanne Bernard est thérapeute du deuil, travailleuse sociale, docteure en sociologie et auteure de *Et si la mort m'aidait à vivre*, et de *Perdre sans se perdre*, tous deux publiés aux Éditions Le Dauphin Blanc.

Pour cela, nous devons nous défaire de toutes les entraves mentales que nous pouvons avoir. Par exemple, si nous croyons que le ciel n'appartient qu'à ceux qui le méritent, nos prières ne seront d'aucune utilité si, selon notre perception, la personne accompagnée a fait de bien mauvaises actions. Ou encore, si nous croyons que les personnes qui se suicident sont vouées à l'enfer, notre cœur se ferme alors et nous ne pouvons plus leur prodiguer une énergie d'élévation. Au contraire, nous les ancrons à des basses vibrations. Ainsi donc, l'accompagnement d'âme vers la Lumière ne peut véritablement s'envisager que dans l'amour inconditionnel de l'autre, sans jugement et sans limitation d'aucune sorte.

> *Stephan von Jankonvich qui a vécu une expérience de mort imminente raconte les effets des pensées des gens qui l'entouraient après son accident :*
>
> *Par exemple, il y avait une femme tessinoise accompagnée d'une fillette d'environ sept ans, très effrayée à la vue de mon cadavre. La petite voulut s'enfuir immédiatement mais la femme la retint quelques minutes, récita en pensée un Notre Père et un Ave Maria et pria pour la rémission des péchés de cet infortuné. Ces prières me touchèrent beaucoup et me causèrent une joie réelle. J'en ressentis une vibration positive.*
>
> *Un vieil homme à moustaches, par contre, nourrissait des pensées très négatives à mon égard. « Cette fois, il s'est fait avoir. Mais c'est certainement sa faute : avec cette voiture de sport, il conduisait sûrement d'une manière inconsidérée ». D'en haut, je voulus l'interrompre : « Arrête donc tes balivernes. Ce n'était pas moi qui conduisais. Je n'étais que passager ». Et je percevais les vibrations négatives et méchantes de cet homme.*
>
> *La mort, ma plus belle expérience.*

Si le contexte le permet, la famille, les amis et même le personnel médical, le cas échéant, peuvent largement contribuer à cette élévation en unissant leur conscience à la nôtre. L'énergie de l'amour ne s'additionne pas, elle se multiplie par la présence consciente de chaque personne qui s'ajoute aux intentions d'élévation et d'ascension. Les actions concertées deviennent alors une puissante force élévatrice. Il n'est point requis que tous aient les mêmes connaissances pour offrir un soutien tangible. La volonté de joindre sa voix à l'ascension et à l'ouverture de cœur sont nettement suffisantes. De plus, c'est par cette participation que l'entourage conservera le sentiment d'être encore utile à celui qui quitte ce monde. Ici encore, c'est notre cœur qui déterminera qu'elles sont les meilleures actions à poser en compagnie des proches et celles qu'il est préférable de faire dans le silence de notre cœur.

De la même manière qu'il était vain de convaincre la personne accompagnée, il serait tout à fait inutile de vouloir convertir famille et amis. Nous n'avons pas ici non plus à jouer le rôle du psychologue, du prêtre ou de l'enseignant. Nous sommes là pour transmettre un appui tangible en posant des gestes dans l'intangible. Et lorsque l'entourage est fermé à tout ce qui concerne la dimension immatérielle, nous devons travailler sans son soutien. Cela nous demandera évidemment davantage de concentration afin que rien ne ralentisse le mouvement d'élévation que nous désirons créer. C'est en nous servant de notre propre force intérieure pour ouvrir totalement notre cœur à ces personnes souffrantes que nous contribuerons à leur guérison, si minime soit cette contribution.

En présence de personnes qui pourraient potentiellement mettre des boulets à l'âme qui s'élève, je suggère d'utiliser régulièrement la prière d'accompagnement et d'y ajouter une variante. Dans cette prière, nous créons, par la visualisation, une bulle d'amour autour de la personne accompagnée. Cette bulle d'amour doit être solidifiée dans notre visualisation afin qu'elle serve d'écran protecteur contre tous les boulets extérieurs qui pourraient s'infiltrer dans ses énergies. Après avoir fait cette visualisation, nous pouvons également, si cela est approprié, susciter l'ouverture de ces personnes à leur propre Lumière en récitant pour eux la prière d'amour suggérée à la fin de l'exercice 10-B à la page 201. Il existe également une très belle prière indienne que j'ai transcrite à l'exercice 10-D à la page 207 et qui peut être utilisée en leur présence, si le contexte le permet.

> *Tout être est un être de sagesse qui s'ignore.*
>
> Guendune Rinpoché

Retenons que nous n'avons pas à sauver le monde et que tout ce qui est proposé ici ne demeure que des outils pour faciliter le travail d'accompagnateur. Cela peut également servir pour épauler les amis et la famille qui vivent de grands bouleversements. Et nous n'avons pas à être des spécialistes du deuil pour pouvoir aider ces personnes, tant que nous demeurons dans notre champ de compétence, c'est-à-dire celui de l'amour pour les âmes. Il importe cependant de garder cela en mémoire. Agir sur d'autres champs de compétence que le nôtre pourrait être plus dommageable que bénéfique si nous n'avons pas les connaissances pour le faire. Quant au domaine de l'âme, tous le connaissent, même si la plupart ne s'en rappellent plus.

Être présent auprès d'un mourant demandera toujours de se dépasser et cela est très exigeant. L'impuissance, la peur, la colère ressenties dans le processus de la mort deviennent souvent fort éprouvantes pour l'entourage de la personne en fin de vie. Toute forme d'aide, y compris les prières, les mantras, la transmission d'énergie, les aideront à ne pas sombrer dans l'abîme des émotions négatives. Dans un tel état, leur présence pourrait nuire à l'ascension de l'être aimé. Ainsi, nous pouvons leur insuffler de la force, du courage et de l'énergie pour tenir le coup aussi longtemps que ce dernier en aura besoin. Le passage vers la Lumière s'avère souvent long et très épuisant pour l'entourage de la personne en fin de vie, d'où l'importance d'être attentif et aidant dans la mesure de nos connaissances envers ces proches qui souffrent aussi.

Nos actions doivent servir à unifier la direction de l'ensemble des gestes qui sont posés à l'égard de la personne accompagnée et non à en diviser les effets. Aider une âme à faire la grande traversée, c'est l'accompagner vers l'unification de son âme à la Lumière divine. Chacun de nos gestes doit servir cet ultime but. Cela sera certes plus aisé si son entourage se porte volontaire pour aider l'âme à faire ce passage, car nous pourrons mutuellement nous entraider et nous concerter.

Toutefois, relever le défi d'unification lorsque l'entourage voit la mort comme une finalité, est doublement stimulant pour un accompagnant. Premièrement, nous devrons aider cette âme qui s'apprête à quitter son corps physique tout au long du processus d'ascension en comptant seulement sur notre propre force intérieure. Deuxièmement, cet entourage vivra la mort comme une perte et le deuil sera alors plus difficile à accepter. L'apport d'un accompagnant d'âmes sera inévitablement bénéfique pour apaiser les cœurs souffrants.

L'accompagnement de l'âme dans son passage vers la Lumière est une expérience enrichissante. Tout en prenant conscience de nos forces et de nos points à améliorer, nous posons des actions concrètes pour qu'une âme puisse retrouver son chemin ou pour que des cœurs puissent retrouver la paix. Ainsi, l'amour offert à l'autre nous donne la force de dépasser nos limites, nos peurs, de nous connaître un peu plus chaque fois, de redécouvrir notre unité avec la Source, avec Dieu ou la Lumière. Sur le chemin du cœur, nous ne pouvons que grandir en beauté et en sagesse permettant ainsi d'offrir plus de Lumière et d'amour.

Le départ, une nouvelle vie

Puisque la mort ne marque pas la fin de la vie de l'âme, elle ne termine pas non plus notre mandat d'accompagnant. Il reste encore beaucoup à faire tant pour l'âme que pour ceux qui restent.

Âme, envole-toi !

Au décès du corps physique, l'âme s'en extirpe immédiatement. Elle demeure cependant attachée au double énergétique de ce corps qu'on appelle corps éthérique[1] pendant une quarantaine de jours, soit le temps requis au corps éthérique pour se dissoudre.

---

1. Le corps physique est un véhicule qu'utilise l'âme pour avancer sur le chemin de sa vie. Pour utiliser le véhicule physique, elle aura besoin d'énergie pour le faire fonctionner, c'est le rôle du corps éthérique. L'âme peut continuer sa route sans le corps physique et le corps éthérique. Pour ce faire, elle utilise ses autres corps, soit le corps émotionnel ou astral, le corps mental et enfin le corps causal.

L'âme ne sera donc totalement libérée de la densité de la matière qu'après cette dissolution. L'ascension commencera dès lors véritablement. Entre-temps, l'âme demeure très près des énergies terrestres. Elle peut effectuer des allers-retours de la Lumière à la Terre, mais elle est constamment ramenée ici-bas par la densité du corps éthérique auquel elle est encore liée.

Les personnes qui ont vécu des expériences de mort imminente racontent bien comment s'effectue le détachement de l'âme du corps physique. Elles décrivent de façon très réaliste ce qu'elles ont vu, comment elles sont sorties de leur corps, les personnes qui sont présentes près de leur corps physique aussi bien que près de leur corps éthérique, la sensation qu'elles ont d'être toujours en vie, leur impossibilité de communiquer avec les personnes physiques. Elles se rendent alors compte qu'elles sont mortes et qu'elles doivent trouver leur chemin. Certaines d'entre elles voient ou sentent la présence d'un être cher déjà décédé, d'autres voient la Lumière pour les guider. Cependant, certaines se sentent totalement isolées et ne savent plus très bien où aller.[1]

> Dans cet état de décorporation, donc, l'individu se sent coupé d'autrui. Il est capable de voir les autres et de pénétrer complètement leurs pensées, mais en revanche ceux-ci ne peuvent ni le voir ni l'entendre. Toute communication avec les êtres humains est de ce fait suspendue, même au niveau du toucher, dès lors que le corps spirituel est dépourvu de solidité. Par conséquent, nous ne nous étonnerons pas si, lorsque cet état se prolonge un certain temps, l'individu finit par éprouver une impression de profonde solitude.
>
> Raymond Moody

Pendant cette période de quarante jours, l'âme peut donc rester liée au plan physique, même si nous ne pouvons plus voir avec nos yeux terrestres le corps éthérique encore très près de nous. Cette âme

---

1. Lectures suggérées : Raymond Moody, *La vie après la vie*, Stephan von Jankovich, *La mort ma plus belle expérience*, Micheal Newton, *Un autre corps pour mon âme*.

qui n'a plus la possibilité d'être entendue par le biais d'un corps physique a néanmoins besoin de soutien et d'amour. Si elle arrive à voir la Lumière ou les êtres décédés venus l'accueillir, ce besoin se fera moins criant. Toutefois, l'âme qui ne voit que le plan matériel, se sentira bien isolée. Il importe de savoir qu'aucune âme n'est réellement seule au niveau astral. Ce sentiment d'isolement n'est qu'une question de perception provenant de nos schémas de pensée.

Pour voir la dimension céleste, il faut avoir la conviction que ce plan existe. La sensation d'être isolé est une pure illusion. Tout comme ici-bas sur la Terre, ce sont nos convictions, nos croyances, nos peurs et nos doutes qui nous font sentir isolés de nos confrères même s'il y a toujours quelqu'un pour nous tendre la main. Il faut seulement se donner la peine d'oser sortir de nos barrières mentales pour voir ces gens aimants qui n'attendent qu'un signe de notre part. Il en est de même dans l'autre dimension. L'aide et le soutien sont là à profusion, mais il faut oser regarder différemment pour les voir et ainsi reconnaître consciemment les barrières du mental. Au-delà de ces obstacles, l'âme se trouve en pays de connaissances.

Notre support en tant qu'accompagnant d'âmes sera, à cet effet, d'un grand secours, car il favorisera cette récognition, diminuant ainsi le sentiment d'isolement pouvant être perçu par l'âme lors du processus du détachement du corps éthérique. Les quarante premiers jours après la mort physique sont cruciaux pour l'âme. Ainsi, toutes les actions posées pour permettre son élévation porteront ses effets. En continuant les prières d'élévation et d'ascension ou toute autre forme de mouvement élévatoire, nous finalisons le travail amorcé avant la mort. Et plus nous serons nombreux à prier pour l'élévation, meilleures seront ses possibilités de se détacher rapidement du corps éthérique pour rejoindre la Lumière.

Les rites funéraires d'autrefois avaient cette utilité. Ils encadraient les moments importants de l'ascension pour assurer un suivi constant. Aujourd'hui, nous les avons mis de côté, mais ce faisant, nous n'avons plus de balises pour nous guider ou nous faire penser à terminer le travail d'accompagnement. Il existe donc une grande latitude pour l'accompagnant d'agir selon ce que son cœur lui dictera. Toutes les méthodes sont bonnes si elles sont mises au service de l'âme qui s'élève dans l'amour et la compassion. L'amour, le vrai, ne saurait nuire, ne saurait détruire, il ne peut qu'édifier.

J'ai demandé à ...

Marie-Lise Labonté[1] quels gestes elle avait posés immédiatement après le décès de son conjoint pour favoriser son ascension.

« Une fois, la mort de Nataraj confirmée, j'ai immédiatement demandé une pièce tranquille où je pourrais être seule avec lui. J'ai commencé à agir sur tous ses corps subtils. J'ai travaillé pendant des heures. J'ai travaillé de deux heures et demie à sept heures, sans arrêt pour permettre à son âme de s'élever. J'ai été guidée pour libérer tous les corps subtils, les centres d'énergies dans le corps, les chakras dans le corps, en touchant son corps physique. Malgré ce travail, je sentais qu'il restait encore des charges dues à la violence qu'il avait subi. Je ne pouvais le laisser partir ainsi. Je me suis étendue à côté de lui et j'ai fait une transposition de ses charges dans mon corps. C'était tellement fort, je ne pensais pas pouvoir soutenir toute cette décharge d'énergie, alors j'y allais par petite dose, prenant des pauses et buvant beaucoup d'eau pour maintenir mon propre équilibre. Au fur et à mesure de cet exercice, je voyais l'énergie des charges être absorbée dans mon corps. Dès que j'en sentais le besoin, je prenais à nouveau une pause. À un moment donné, j'ai senti que c'était terminé. Je suis allée toucher son corps et toutes les charges étaient parties. Son corps était comme une coquille vide. Son âme l'avait quitté et était rendue dans les plans supérieurs où je n'avais plus accès. Tout le long de

---

1. Marie-Lise Labonté est auteure, conférencière et médium. Elle a notamment écrit *Les familles d'âmes, Le déclic, Ces voix qui me parlent, Au corps de notre cœur, Se guérir autrement c'est possible, Mouvements d'antigymnastique : naître à son corps, naître à soi-même.*

> ce processus, j'étais dans un état extatique, totalement transportée par la grandeur d'accompagner. C'est extraordinaire de vivre ces moments. Par la suite j'ai pu entrer dans mon processus de deuil, la douleur était là et m'attendait. »

Approchant graduellement de la Lumière, le besoin de l'âme d'être accompagnée se fera moins pressant, mais il ne sera jamais inutile. Qui, en effet, pourrait prétendre avoir trop d'amour, même au plan céleste ! Si nous écoutons cette petite voix qui vient du cœur, nous sentirons que l'âme accompagnée a atteint sa destination. Nous saurons alors que la mission a été accomplie et une forme de certitude s'installera en nous. En pensant à cette âme, nous éprouvons une sensation de bien-être, de joie, comme un cadeau du ciel pour nous remercier d'avoir été là, d'avoir parcouru ce chemin avec elle.

Quel merveilleux travail que d'être au service des âmes en ascension ! La joie et la gratitude de contribuer à ce grand retour vers la Lumière deviennent la plus belle des rémunérations jamais offertes.

La vie continue

Certes la vie continue pour l'âme, mais elle continue également pour ceux qui restent et qui ressentent un immense vide à la suite de ce départ. Cette vie ne sera jamais plus la même, mais elle poursuivra néanmoins son cours. L'empreinte de la mort y gravera à jamais une marque au cœur de ceux qui l'ont vue passer. De toute évidence, ce passage est chargé de bouleversements et de reconstructions. Il faut apprendre à rebâtir sa vie sur de nouvelles bases en trouvant un sens à la souffrance causée par la perte de cet être.

Tel l'enfant qui ne pourrait grandir, apprendre et se transformer en beauté sans aide et sans amour, la personne endeuillée requiert, elle aussi, une attention particulière pour pouvoir trouver la Lumière dans cette difficile expérience. Pour elle aussi, il s'agit d'un passage menant à l'amour inconditionnel. Il n'y a pas de plus grande leçon de détachement que celle de perdre un être cher. Toutefois, la présence du mental envahi par la peine et le vide constitue un obstacle de taille pour parvenir à découvrir l'amour qui se cache derrière ce grand scénario.

Le deuil étant une étape importante d'éveil et de prise de conscience, nous pouvons, ici aussi, être très utile pour l'âme en la supportant et en priant pour elle[1]. Nos actions ici, seront faites dans le but d'alléger la souffrance de la personne endeuillée et également de favoriser l'ouverture de cœur afin qu'elle découvre, dans ce départ, le maître qui se présente à elle pour l'aider à grandir davantage. En tant qu'accompagnant, voilà sur quoi il faut diriger nos énergies.

Au niveau psychologique, il existe évidemment des étapes nécessaires du deuil qui ne peuvent être escamotées sans conséquences ultérieures. Pour le bien-être de la personne endeuillée, il importe de lui laisser vivre ces phases selon le rythme qui lui est propre en présence de personnes qui ont la compétence pour l'aider à les traverser une à une. Ici, il n'est nullement question de s'improviser thérapeute du deuil. Cela serait outrepasser notre rôle d'aidant, de soutien. Toutefois, il nous est possible de poser des actions de soutien et d'accompagnement, par le biais de l'écoute, de l'amour et de la compassion, de prières, de mantras ou de méditations, qui l'aideront inévitablement. Tant que notre aide demeure sur le plan de l'âme et du cœur, nous œuvrons en toute compétence !

Ce soutien offert à la personne endeuillée facilitera la prise de contact avec son cœur, avec son âme. Et cela lui permettra de sentir la plénitude de la Vie au lieu du vide et de l'absence. La voie du cœur mène à l'unification et non à la séparation que perpétue le mental. Le cœur sait que la vie continue, que la relation existe encore et que l'amour ne meurt jamais. Fort de cette certitude, le deuil se transformera peu à peu en seuil, ouvert sur la dimension de l'amour inconditionnel.

---

1. Voir la prière d'amour à l'exercice 10-B à la page 201 et l'exercice de respirations 10-E à la page 209 du présent chapitre.

Ce travail d'assistance aux personnes endeuillées est donc plus que pertinent. Certes, cette compréhension ne peut venir que par l'ouverture du cœur de la personne endeuillée. De toute évidence, nos actions ne feront pas tout le travail à elles seules. La personne devra, elle aussi, entamer une démarche d'apprentissage. Ce choix lui appartient entièrement. Et si elle le désire, elle pourra recevoir de l'aide et du soutien sur le plan personnel et psychologique pour traverser les différentes étapes du deuil. Il y a tant de ressources disponibles aujourd'hui[1], il n'y a plus de raison de vivre ce chagrin dans la solitude.

> *Ce que la mort nous enseigne, ce n'est pas le blâme, la culpabilité ou la colère, mais bien l'amour. Une porte se ferme pour qu'une autre puisse s'ouvrir. Nous pouvons utiliser le chagrin comme outil spirituel pour nous aider à trouver le vrai sens de la vie, la sérénité et la plénitude.*
>
> James Van Praagh

Mais au-delà de ce qui se trame ici-bas, il y a le grand dessein de l'âme qui a choisi de vivre cette épreuve pour grandir. Ce contexte de vie marque un tournant important dans son cheminement. Elle tentera plus que jamais de se faire entendre pour atteindre son objectif de croissance. En joignant à elle nos oraisons de toute forme, nous lui offrons un coup de pouce appréciable pour s'ouvrir. Cette âme n'est pas seule ; elle reçoit évidemment beaucoup d'aide des plans célestes. Mais l'ouverture du cœur, le déclic requis pour voir la mort comme une avenue nouvelle et prometteuse, se fera ici-bas. Voilà pourquoi notre aide est si précieuse, car nous devenons un relais temporaire entre l'âme et le cœur, le temps que s'installe la communication ou le temps que l'acceptation de ce départ se fasse. Il se peut, en effet, que l'âme ne puisse être en mesure de se faire

---

1. Les services offerts aux personnes endeuillées existent maintenant dans toutes les régions, que ce soit par le biais de services professionnels individuels, d'organismes bénévoles ou de groupes d'entraide.

entendre par le cœur. Notre travail ne sera pas vain; il aura néanmoins servi à soulager ce cœur dévasté par le chagrin. D'une façon ou d'une autre, nous contribuerons au rétablissement de cette personne et notre but en tant qu'accompagnant sera atteint.

Tant à faire!

Parmi les choses que j'avais apprises dès mon jeune âge, il y avait l'assurance de pouvoir compter sur les âmes des personnes décédées pour m'aider à mieux vivre, pour me sentir soutenue. Je n'avais jamais pensé alors que moi, je pouvais faire quelque chose pour elles. Cette idée m'aurait paru tout à fait farfelue d'ailleurs. Après tout, les âmes étaient au Paradis. Que pouvaient-elles demander de plus là-haut?

Mais voilà, quelques années plus tard, les barrières de communication entre les mondes s'estompent et les âmes sont nombreuses à venir nous dire à quel point notre aide peut également leur être utile. Oui, il y a tant à faire pour les âmes, malgré l'intangibilité de ce travail! Toutefois, l'effort n'est pas surhumain. Une pensée d'amour sincère pour l'élévation d'une âme, une autre pour apaiser la souffrance, feront des miracles. Ce n'est pas le nombre d'heures passées à réciter des rosaires qui déterminera la force et la puissance de notre intervention, c'est l'intention du cœur qui fera la différence.

La voie de la prière consciente est une action très efficace pour une âme dans un passage vers la Lumière. Ses effets au niveau de l'énergie sont invisibles à nos yeux humains, mais ils sont palpables pour le cœur, et c'est par les résultats que nous apercevons sa matérialisation. Prier, c'est se brancher à notre source divine pour offrir à une âme tout l'amour dont elle a besoin pour poursuivre son chemin. C'est également s'offrir le cadeau d'être pleinement dans le moment présent et de sentir toute la chaleur de l'amour offert à l'autre réchauffer ardemment tout notre être.

*J'avais devant les yeux les ténèbres. L'abîme
Qui n'a pas de rivage et qui n'a pas de cime
Était là, morne, immense et rien n'y remuait.
Je me sentais perdu dans l'infini muet.
Au fond, à travers l'ombre, impénétrable voile,
On apercevait Dieu comme une sombre étoile
Je m'écriai : Mon âme ! Mon âme ! il faudrait,
Pour traverser ce gouffre où nul bord n'apparaît,
Et pour qu'en cette nuit jusqu'à ton Dieu tu marches,
Bâtir un pont géant sur des millions d'arches.
Qui le pourra jamais ? Personne ! Ô deuil ! Effroi !
Pleure ! - Un fantôme blanc se dressa devant moi
Pendant que je jetais sur l'ombre un œil d'alarme,
Et ce fantôme avait la forme d'une larme ;
C'était un front de vierge avec des mains d'enfant,
Il ressemblait au lys que sa blancheur défend ;
Ses mains en se joignant faisaient de la lumière.
Il me montra l'abîme où va toute poussière,
Si profond que jamais un écho n'y répond,
Et me dit : - Si tu veux, je bâtirai le pont.
Vers le pâle inconnu je levai ma paupière.
Quel est ton nom ? lui dis-je. Il me dit : - la prière !*

Victor Hugo

Exercice 10-A
Se centrer dans la conscience du cœur

Il s'agit ici d'un exercice de courte durée qui peut être pratiqué dans n'importe quel environnement. Il ne nécessite que quelques minutes pour sa réalisation. Toutefois, ses bénéfices se feront sentir plus efficacement si vous avez l'habitude de fixer votre attention au cœur par la médiation ou par d'autres exercices de visualisation. Son efficacité dépend donc de votre facilité à ramener votre attention au cœur et cette aisance s'acquiert simplement par la pratique.

Première partie : Préparation initiale

Si vous savez à l'avance que vous aurez à accompagner une personne, vous pouvez vous préparer avant d'entrer en contact avec elle. Vous pouvez vous asseoir ou vous adosser contre un arbre. Lorsque vous êtes dans une position confortable, fermez les yeux et prenez cinq à six profondes inspirations. Ensuite, portez votre attention au cœur et prenez une grande inspiration. Conservez cette inspiration de trois à quatre secondes, puis expirez lentement. Répétez ces respirations encore cinq fois. Portez maintenant votre attention vers vos pieds. Imaginez que de longues et profondes racines poussent sous votre plante des pieds et pénètrent dans la terre. Ressentez l'énergie de la terre monter en vous. Portez encore une fois votre attention au cœur. En inspirant, puisez à même vos racines la force, la capacité d'écoute et la compassion de la Mère Terre. En expirant, offrez à la Mère Terre toutes vos résistances, vos peurs et vos conditionnements pouvant nuire à l'accompagnement que vous vous apprêtez à vivre. Continuez ce grand mouvement d'échange respiratoire jusqu'à ce que vous ressentiez au fond de votre cœur la présence de la Mère Terre qui vous habite complètement. Priez ensuite pour que chacun de vos gestes, chacune de vos paroles, chacun de vos silences soient aidants et servent à nourrir l'autre. Priez pour que votre présence soit au service de l'amour inconditionnel.

Deuxième partie : Préparation en présence de la personne à accompagner

Il arrive des situations où notre intervention aidante est nécessaire sur-le-champ, sans qu'aucune préparation initiale ne puisse être effectuée. Ainsi, vous pouvez faire cette étape pour retrouver votre centration. Cette deuxième partie peut donc être pratiquée indépendamment de la première en étant tout aussi efficace. Cependant, elle ne saurait être efficace à long terme si elle est toujours employée seule. Elle demeure une manière temporaire de retrouver son centre.

Prenez une grande inspiration et fermez ou baissez les yeux le temps d'effectuer une brève intériorisation. En expirant doucement, faites descendre votre attention au cœur. Inspirez de nouveau et demandez consciemment à votre cœur de guider tous vos gestes, toutes vos paroles et tous vos regards. Sentant la sagesse de votre cœur vous accompagner, ouvrez ou levez les yeux.

Vous pouvez revenir à cette partie de l'exercice chaque fois que vous vous sentez déstabilisé car elle vous permet de contacter votre essence divine qui connaît toutes les réponses, toutes les actions et tous les gestes à offrir.

> *De tous les gens que vous connaîtrez dans votre vie, vous êtes le seul qui ne vous quittera jamais. Vous êtes la seule réponse aux questions de votre vie. Vous êtes la seule solution des problèmes qui se posent à vous.*
>
> Anon

Exercice 10-B
Des prières et des visualisations pour accompagner

Ces prières et ces visualisations peuvent être effectuées dans le silence de votre cœur ou elles peuvent être offertes à la personne que vous accompagnez, selon le contexte. Toutefois, l'efficacité ne dépend pas de la façon dont elles seront effectuées, mais plutôt de l'intention du cœur. Il importe donc qu'elles soient exécutées dans un profond recueillement pour obtenir les effets escomptés.

Prenez une grande inspiration et fermez ou baissez les yeux le temps d'effectuer une brève intériorisation. En expirant doucement, faites descendre votre attention au cœur. Dans le silence de votre cœur, offrez tout votre amour au service de l'être que vous accompagnez.

Bénédiction

Je te bénis, toi qui vis actuellement des étapes te menant à ton passage vers la Lumière afin que ton chemin te soit révélé. Que chaque geste d'amour posé ici-bas à ton égard soit une offrande à ton âme afin de faciliter cette étape de transformation. Je bénis tout ce qui t'arrive présentement, sachant en toute conscience que tout cela recèle un apprentissage important et bénéfique pour toi. Je t'offre toute ma gratitude pour le privilège d'être à tes côtés et de ressentir toutes les émotions que cet accompagnement me procure, car elles sont à mon service pour apprendre moi aussi à me transformer. Je bénis le Ciel et la Terre pour l'abondance des ressources qui sont à notre portée dans la présente expérience. Que ton âme, tes guides et Dieu ou la Source Divine soient bénis (selon mes convictions) pour leur constante présence et assistance. Je rends grâce pour toutes ces bénédictions. Je te réitère mon amour et ma volonté de t'aider.

Accompagnement

À toi que j'accompagne, que l'amour et la Lumière guident chacun de tes pas. Que tu ne te sentes jamais seul dans le tourment ni sans ressource. Que la présence de tous les Êtres de Lumière qui t'accompagnent te réchauffe le cœur et te réconforte.

Je visualise autour de ton corps une bulle d'amour qui l'enveloppe totalement. Près de toi, je vois la belle et lumineuse Présence des Êtres de Lumière et de tes guides qui m'aident à solidifier cette bulle. Dans mon cœur, je ressens tout le soutien et la protection contenus dans cette bulle. C'est une merveilleuse sensation qui fait gonfler mon cœur. Je joins alors tout mon amour à cette bulle afin de la faire croître encore.

Puis, avec le pouvoir de mon imagination, je vois de nombreuses ramifications partant de la bulle d'amour qui se branchent à ton cœur afin de te permettre de ressentir cette belle présence d'amour autour toi. Je sens le bien-être et la paix intérieure qui grandissent en toi. Je rends grâce pour ce moment. Je t'exprime à nouveau mon amour et mon désir profond de t'accompagner.

Élévation

Toi, mon ami (e), mon frère (ma sœur) que j'accompagne aujourd'hui, puisses-tu voir en toi la Lumière qui éclairera chacun de tes pas. Que cette Lumière brille et chasse l'ombre de tes peurs, de tes angoisses, de tes doutes, de ta colère et de ta culpabilité. Qu'elle prenne toute la place dans ton cœur et dans ton corps. Pardonne toutes les incompréhensions, les gestes blessants et souffrants de ceux qui t'entourent. Pardonne-toi aussi tous les gestes, les paroles et les attitudes blessants que tu as dirigés vers autrui et vers toi-même. Ne crains pas, je reste avec toi.

Je ferme les yeux et au centre de ta poitrine, je vois un puissant soleil qui réchauffe ton corps et ton cœur. Cette énergie emporte avec elle toutes tes souffrances et tes malaises pour faire place à la détente et au calme. Je ressens maintenant ta légèreté. Au-dessus de ta tête, je vois apparaître une brillante lumière, c'est ton âme qui désire prendre contact avec toi. À l'aide de mon imagination, je crée un magnifique pont doré qui relie ton âme à ton cœur. Ce pont scintillant te permettra dorénavant de sentir et de voir en tout temps ta propre Lumière. Il établit ou solidifie la communication entre ton âme et ton cœur afin que tu puisses te laisser guider par elle.

Je ressens tout le plaisir de ces retrouvailles entre ton cœur et ton âme et je les bénis. Je t'offre tout mon soutien et mon amour pour maintenir ce pont ancré solidement.

Ascension

Cher (ère) ami(e) qui aspires à la Lumière, puisses-tu voir en ce moment béni, tes guides et les Êtres de Lumière qui t'attendent au-delà de ton corps physique. Puisses-tu vivre cet ultime détachement avec la Terre dans l'amour et la sérénité. Que ton âme s'élève, en toute légèreté, libre de toute attache, vers la Lumière pour continuer ta croissance dans l'amour inconditionnel.

J'assiste à l'élévation de ton âme qui reprend la route vers la Lumière. Je marche à tes côtés et nous sommes attirés vers la blancheur éblouissante qui émane droit devant nous. Elle grandit au fur et à mesure que nous avançons. Elle nous imprègne, nous entoure. C'est une joie incommensurable. Toutes tes douleurs s'effacent, toutes tes peines disparaissent, toutes tes émotions négatives se transforment en une paix profonde. Tu te sens interpellé(e) par cette lumière et tu désires t'unifier à elle. Tu t'abandonnes à ton Moi Supérieur et tu vis la magnificence du moment présent.

Des silhouettes se dessinent maintenant parmi les rayons lumineux. Tes guides et des membres de ta famille céleste t'attendent pour célébrer ton retour. Je sens ton grand bonheur de les retrouver enfin. Ils te tendent les bras ouverts, t'accueillent chaleureusement et t'étreignent. Tu es comblé(e). Te voilà à nouveau chez toi ! Je te dis au revoir, sachant que nous nous reverrons en ces lieux de grâce. Je t'offre ma joie de te savoir enfin parmi les tiens.

Amour

À toi qui vis des moments difficiles auprès d'un être cher. À toi qui es affligé par le départ d'un être aimé, j'offre tout mon soutien. Je te fais don de mon amour profond, sans jugement ni condamnation. Je te donne également ma compassion. Que cet amour et cette compassion t'entourent, te réconfortent et apaisent ta souffrance. Qu'ils te permettent de vivre ces moments avec plus de sérénité et d'acceptation. Qu'ils deviennent ton guide pour éclairer tes gestes et tes paroles, tel un phare dans la nuit.

Tout autour de toi, je vois briller l'amour dans tous ses éclats. Cet amour puissant te porte et je ressens le réconfort qu'il te procure. La sphère étincelante d'amour qui t'entoure s'unit maintenant à ton cœur. Je vois alors ton cœur battre différemment. Il bat la même mesure que celle de ton âme. Il est au même diapason. Près de toi, je vois alors s'élargir la sphère de lumière. Tes guides, Dieu ou la Source (selon sa croyance) viennent près de toi pour te soutenir. Je sens le bonheur de te savoir si bien accompagné. Puisse ce bonheur jaillir sur toi et te soutenir à chacun de tes pas. Je rends grâce pour tout cet amour qui t'entoure.

Exercice 10-C
Évacuation et régénération[1]

Cet exercice peut être pratiqué à l'intérieur dans un endroit tranquille, propice au recueillement, ou à l'extérieur près d'un arbre ou d'un point d'eau.

Étape 1 :

Placez-vous debout, en déliant les genoux. Prenez conscience d'une émotion que vous avez vécue récemment et qui perturbe votre équilibre. Portez votre attention au cœur et prenez de quatre à six profondes respirations.

Étape 2 :

En pliant les genoux pour vous placer en position accroupie, déposez vos mains à plat sur le sol. Inspirez pour gonfler totalement vos poumons et votre abdomen et maintenez cette inspiration pendant quelques secondes. Pendant ce temps, pensez à l'émotion que vous désirez évacuer. Concentrez-vous sur elle. Puis, pendant l'expiration, imaginez que toute cette émotion sort de votre paume de main et qu'elle est portée en terre.

Étape 3 :

Toujours dans la position accroupie, inspirez en sentant l'énergie vivifiante de la Terre remplir vos mains. Sentez la vibration dans vos mains. Dépliez lentement les genoux en laissant vos mains près du sol et reprenez votre respiration normale durant la remontée. Au fur et à mesure que vous remontez votre tronc, laissez vos mains glisser de vos pieds à vos jambes, à vos genoux et ainsi de suite

---

1. Inspiré d'un exercice offert par le Maître St-Germain, canalisé par Pierre Lessard.

jusqu'à ce qu'elles soient arrivées au-dessus de la tête. Pendant toute la remontée, transférez consciemment toute l'énergie de la Terre emmagasinée dans vos mains à chacune des parties de votre corps. Vous pouvez également effectuer des arrêts à chacun des chakras pour accentuer le transfert d'énergie.

Étape 4 :

Arrivé à la tête, continuez d'élever les bras jusqu'à ce qu'ils soient tendus. Tournez les paumes vers le ciel et puisez au creux de vos paumes tout l'amour inconditionnel du ciel. Lorsque vos mains sont remplies de cette énergie, descendez-les de la tête aux pieds, en marquant des arrêts vis-à-vis des chakras de façon à transférer dans tout votre corps, la totalité de l'énergie d'amour accumulée dans vos mains.

Lorsque vos mains touchent le sol, reprenez la position accroupie. Répétez l'ensemble des mouvements à partir de l'étape 2 encore deux autres fois.

Exercice 10-D

Prière indienne

À CEUX QUE J'AIME, À CEUX QUI M'AIMENT

Quand je ne serai plus là, relâchez-moi, laissez-moi partir.

J'ai tellement de choses à faire et à voir. Soyez reconnaissants pour les belles années.

Je vous ai donné mon amitié, vous pouvez seulement deviner le bonheur que vous m'avez apporté.

Je vous remercie de l'amour que chacun de vous m'a démontré.

Maintenant, il est temps de voyager seul.

Pour un court moment vous pouvez avoir de la peine, la confiance vous apportera réconfort et consolation.

Nous serons séparés pour quelque temps.

Laissez les souvenirs apaiser votre douleur. Je ne suis pas loin, et la vie continue.

Si vous avez besoin, appelez-moi et je viendrai.

Même si vous ne pouvez me voir ou me toucher, je serai là.

Et si vous écoutez votre cœur, vous éprouverez clairement la douceur de l'amour que j'apporterai.

Et quand il sera temps pour vous de partir, je serai là pour vous accueillir.

Absent de mon corps, présent avec Dieu.

N'allez pas sur ma tombe pour pleurer. Je ne suis pas là, je ne dors pas.

Je suis les mille vents qui soufflent. Je suis le scintillement des cristaux sur la neige.

Je suis la lumière qui traverse les champs de blé. Je suis la douce pluie d'automne.

Je suis l'éveil des oiseaux dans le calme du matin.

Je suis l'étoile qui brille dans la nuit.

N'allez pas sur ma tombe pour pleurer. Je ne suis pas là. Je ne suis pas mort.

Auteur inconnu

Exercice 10-E
Tonglen ou Prendre la souffrance et donner le bonheur

Cet exercice de respiration, inspiré de la pratique bouddhiste du Tonglen, est très simple et peut être pratiqué dans différents environnements si notre capacité de concentration le permet.

Prenez une position confortable (assis ou étendu) et portez votre attention au cœur en prenant plusieurs bonnes inspirations. Fermez les yeux. Sentez la détente et l'intériorisation s'installer en vous.

En inspirant, imaginez que vous prenez toute la souffrance de l'autre sur vous-même afin de le dégager de son émotivité. Vous pouvez même, si cela vous aide, utiliser vos mains pour prendre de manière symbolique cette souffrance sur vous.

À l'expiration, vous lui donnez du bonheur. Vous imaginez que ce bonheur l'enveloppe totalement et pénètre dans son cœur. Vous pouvez également utiliser vos mains pour envelopper l'autre. Répétez plusieurs fois ce mouvement respiratoire jusqu'à ce que vous sentiez ou visualisiez l'apaisement chez l'autre.

Chapitre 11

Ils nous parlent... entendons-nous ?

> *Intuition. Cette faculté prodigieuse à saisir les indices les plus subtils, ceux que personne n'aperçoit.*
>
> Jean-Claude Lalanne-Cassou

Après le départ d'un être cher, nous ressentons un vide. Sa présence physique nous manque et cela occasionne inévitablement du chagrin. La foi, les prières, les attentions de l'entourage, une vision élargie de la vie apportent indéniablement un réconfort appréciable. Mais obtenir la certitude que tout va bien pour cet être, constitue une pure manifestation de joie au cœur de l'endeuillé. Chaque fois que je remets un message provenant d'une âme, je constate à quel point cela est réconfortant pour la personne qui le reçoit. Le sentiment de solitude s'estompe, l'espoir de retrouver celui ou celle que l'on aime tant se confirme et la possibilité de continuer la relation sous une nouvelle forme se dessine.

Que j'aimerais recevoir un tel message, me diront ceux qui sont en deuil ! Et je leur répondrai : « Écoutez, vous les entendrez. ». Nous pouvons tous recevoir un signe d'une âme. Ce n'est pas une affirmation, c'est une conviction ! Nous avons tous une âme et un cœur et ce sont-là les outils requis pour y parvenir. Il ne reste qu'à apprendre la technique qui nous permettra de refaire le contact entre ces deux parties et à faire confiance à notre ressenti. Évidemment, il y aura une infinité de variantes au niveau des sortes de communications. Elles varient en effet d'un individu à l'autre, compte tenu de la personnalité, des croyances, des peurs, du degré d'ouverture et d'abandon de chacun. Il ne faut donc pas chercher à se mouler à un modèle établi. Prétendre à une seule voie, à un seul modèle ou un seul résultat valable serait nier l'omnipotence et l'omniscience de Dieu. Laissons-nous donc guider par notre ressenti pour déterminer ce qui nous convient le mieux.

Nombreuses sont les personnes à avoir perçu la continuité de la relation au-delà de l'enveloppe corporelle déchue par la mort physique. Ces dernières s'adressent régulièrement à l'âme d'une personne décédée et observent les manifestations de sa présence dans leur vie. Ici, je ne parle pas de ceux et celles qui cultivent et pratiquent sciemment leur don de médiumnité. Au contraire, je pense à tous ceux et celles qui perçoivent la possibilité, si mince soit-elle, de la continuité de la vie après la mort. Ces personnes ont cependant développé une façon différente d'écouter, et cette forme d'écoute passe par le ressenti du cœur. Nul besoin d'être un médium reconnu pour entendre notre cœur.

C'est dans le ressenti que naîtra la communication avec l'âme contactée, mais encore faut-il croire en sa possible manifestation. Certes, le mental tiendra son rôle de censeur en déployant les doutes et les peurs, mais ce dernier ne pourra anéantir cette profonde certitude éprouvée lors de ces échanges entre les mondes. En fait, c'est en laissant notre cœur ouvert que les peurs et les doutes s'envoleront pour faire place au savoir acquis par l'expérimentation de ces phénomènes. Ainsi, la seule façon de recevoir des messages, c'est en se donnant la peine d'écouter pour entendre autrement les signes qui nous sont envoyés.

Les signes de jour

Depuis ma tendre enfance, la vie après la mort est une certitude, et les échanges que j'ai eu le privilège de vivre constituent leur concrétisation. Je sais maintenant que les âmes prennent les moyens nécessaires pour entrer en contact avec nous. Et dans mon cas, elles ont dû en prendre des détours pour que je les comprenne et que j'accepte de faire taire mon mental! Je suis donc convaincue que les âmes utilisent toutes les ressources à leur disposition pour nous rejoindre lorsqu'elles désirent nous parler. Que ce soit par les intuitions, les lectures qui nous tombent sous la main, une phrase (à la radio ou à la télévision) qui nous accroche des heures durant, les frissons inexpliqués, les impulsions soudaines, les mots qui nous parviennent de notre entourage, tout peut être prétexte à engager la conversation. Il suffit donc d'être attentifs et de se laisser guider par notre cœur. Le mode de livraison importe peu lorsqu'il s'agit de tels messages d'amour.

Mais que sont au juste les signes de jour? Ce sont des événements qui surviennent de façon inexpliquée et qu'on ne peut attribuer au hasard tellement leur sens est profond. Ils sont des manifestations que l'on peut également appeler «synchronicités». Les coïncidences relèvent d'un concours de circonstances hasardeux et non significatif pour la personne qui les vit. Elles ne parlent pas d'elles-mêmes. Au contraire, le signe de jour amène une certitude que cela n'arrive pas par hasard, qu'il y a un sens ou un lien à cet événement ou qu'il est la réponse à une question précédemment posée.

Au revoir, Sylvie!

Les âmes qui nous sont chères utilisent très fréquemment les signes de jour pour manifester leur présence, pour nous dire qu'elles vont bien, qu'elles sont encore en vie ou qu'elles nous aiment. Voici comment ma grand-mère est venue me saluer alors que, par un soir d'été, je m'ennuyais d'elle. Elle nous avait quittés depuis déjà quelques années, mais sa belle présence, son rire moqueur me manquaient encore à l'occasion. Son agonie avait été longue et lorsque je l'avais veillée, il m'étais arrivé de lui chanter la chanson «Vole» de Céline Dion[1]. Après sa mort, lorsque la nostalgie de sa présence se

---

1. Céline Dion, Album D'eux, Paroles et musique Jean-Jacques Goldman.

faisait sentir, j'écoutais cette chanson en priant pour elle. C'était ma façon bien mélancolique de lui dire que je l'aimais et que je souhaitais qu'elle vole vers la Lumière.

Ce soir-là, alors que je rentrais à la maison, il y avait un magnifique coucher de soleil. Des teintes d'orangé, de lilas et de rose se mêlaient au bleu du ciel et de longs nuages filiformes densifiaient ces couleurs pour donner encore plus d'éclat à ce chef-d'œuvre. Dans cet état de contemplation, j'eus soudainement une impulsion d'écouter la chanson « Vole ». Elle était particulièrement belle à entendre plongée dans ce décor fabuleux ; ses harmonies m'habitaient et me faisaient vibrer. Je pensais à Mimi, c'est comme ça que nous l'appelions, et, inspirée par tant de beauté, je lui ai offert tout l'amour que j'avais pour elle. Et là, quelque chose d'incroyable s'est produit ! Au moment le plus intense de la chanson où les paroles « *Vole, vole, mon amour, puisque le nôtre est trop lourd, puisque rien ne te soulage, pars à ton dernier voyage. Lâche tes heures épuisées...* » étaient entonnées, une nuée d'oiseaux a surgit droit devant moi. Il devait y en avoir une centaine qui arrivaient de nulle part et qui déployaient leurs ailes dans ce ciel multicolore. Cette apparition amenait avec elle une vibration si intense, mon cœur bondissait de joie dans ma poitrine ! À hauteur d'yeux, ils ont fait quelques vagues dans cette mer de couleurs et ils sont repartis avec la fin du crescendo musical. Ce fut un réel moment de grâce. Des larmes de bonheur coulaient sur mes joues chauffées par l'intensité du flot d'amour qui venait de m'embrasser.

Je savais, sans l'ombre d'un doute, que Mimi avait participé à ce spectacle grandiose. Je ne pouvais et ne peux encore expliquer comment cette mise en scène a pris place avec tant de synchronisme. Cela dépasse l'entendement humain. Mais ce souvenir reste ma plus belle définition d'un signe de jour. Mimi est venue me dire ce soir-là : « Réjouis-toi, Sylvie, je vole ! Regarde ce ciel merveilleux. Dis-toi que c'est dans cette beauté exaltante que je vis maintenant. Je reçois encore une fois ton amour et je t'envoie tous ces oiseaux comme messagers du mien envers toi. Réjouis-toi, Sylvie, je suis toujours là ! »

Il n'y avait pas de mots tangibles pour ce message, que des symboles. Il n'y avait pas de conversation officielle autre que mon ressenti. Mais, tout cela valait des millions de paroles prononcées, des milliers de regards pétillants et d'incalculables accolades chaleureuses. La présence de ma grand-mère a pris toute la place dans mon cœur et Dame Nature se déployait à son service pour me livrer cette spectaculaire missive d'amour. Sans diminuer aucunement l'importance de ce signe de jour que ma grand-mère m'avait donné, à l'époque, je n'y ai cependant vu qu'une adresse à mon égard. Aujourd'hui, en écrivant ces lignes, j'en saisis encore plus la grandeur.

Faire taire les doutes

Je n'ai jamais douté un seul instant de la présence de Mimi ce soir-là. Le signe était majestueux. Toutefois, il n'en est pas toujours ainsi et quelquefois, le langage utilisé se fait plus discret. Alors, comment peut-on être certain qu'une âme veut nous parler? La certitude se trouve toujours dans le ressenti, dans le cœur. Et il faut prendre garde au discours du mental qui est parfois si fort et si convainquant. La confusion peut s'installer entre ces deux niveaux de langage. Mais en cas de doute, il est possible de demander des confirmations. Si une âme veut réellement entrer en contact avec nous, elle nous le fera savoir le nombre de fois que nous le souhaitons. Souvenons-nous de Marie-Claude[1] qui désirait parler à sa mère comme exemple bien concret.

La confirmation peut prendre toute forme imaginable. Ainsi, il est possible de demander d'entendre ou de lire, dans la journée, un mot fétiche que nous aurons choisi. Encore, il est possible de demander qu'une personne nous parle d'un sujet en particulier ou qu'une phrase quelconque soit prononcée. En fait, notre imagination est la seule limite en matière de confirmation, mais plus elle sera simple, brève, concrète et distinctive, plus elle nous apportera la

---

1. Chapitre 7, page 105.

certitude de ce que nous recherchons. Il importe seulement qu'elle soit choisie en résonnance avec le cœur pour que nous puissions sentir, lorsque nous l'entendrons ou la lirons, qu'elle est bien la confirmation attendue.

En voici un exemple. Par un beau soir estival, je suis allée chercher Marie-Josée, une amie avec qui j'allais prendre un café. Juste avant d'arriver chez elle, j'ai senti le désir d'allumer la radio. C'était une chanson de Joe Dassin qui jouait. Il y avait belle lurette que je n'avais pas entendu ce chanteur et je m'en suis fait la remarque à haute voix tellement la surprise était grande de l'entendre. Il me semblait alors qu'on l'avait sorti de la boîte à souvenirs. Sans porter davantage attention à cette musique, j'ai changé plusieurs fois de chaîne en attendant Marie-Josée et, ne trouvant rien d'intéressant, j'ai finalement opté pour le silence. Rien ne me laissait alors supposer que cela avait une importance pour elle.

En jasant devant notre café viennois aux arômes onctueux de crème et de fèves parfaitement torréfiées, Marie-Josée m'a confié ressentir très souvent la présence de son père lorsqu'elle écoute de la musique ou les paroles de certaines chansons. Elle me disait avoir la nette impression que son père lui parlait de cette façon. Cette certitude lui venait des frissons qui l'envahissaient alors soudainement. Comme elle doutait parfois de son ressenti, elle me parla de son interrogation à propos d'une demande adressée à son père : elle désirait savoir s'il avait accédé à la Lumière. Dans cette requête, elle lui avait signifié son désir de recevoir la réponse par le biais de chansons, mais cette fois, elle craignait ne pas pouvoir capter le message. Je lui ai dit de bien observer les manifestations qui viendraient dans les prochains jours. Sa demande était claire, alors si son père le désirait, il lui offrirait une réponse tout aussi claire. Il fallait lui faire confiance qu'il trouve une manière sans équivoque de faire parvenir à sa fille la réponse demandée. J'ai dit à Marie-Josée que c'était dans le ressenti qu'elle saurait la reconnaître.

Après cette belle soirée, j'ai reconduit Marie-Josée chez elle et j'ai pris la route pour retourner au bercail. Une fois de plus, une petite voix me disait d'écouter la radio. Stupéfaction totale ! Encore une chanson de Joe Dassin. Deux fois dans la même soirée, c'en était trop ! « Il ne s'agit sûrement pas d'un hasard », me dis-je ! Je portai donc attention à la chanson *Le Jardin du Luxembourg* qui jouait, et selon mon ressenti, quelque chose me disait que c'était important. À peine cette courte réflexion fut-elle terminée qu'une vague de chaleur courut tout le long de ma colonne vertébrale et se propagea dans toute ma poitrine. Une pensée-éclair me traversa alors l'esprit : « C'est le père de Marie-Josée. C'est un signe de sa part. »

Dans ce moment d'enthousiasme, j'avais bien hâte de questionner Marie-Josée à ce sujet. Sans rien lui dire à propos des chansons entendues pour ne pas orienter sa réponse, je lui ai demandé ceci : « Quel était le chanteur préféré de ton père ? » Et d'emblée elle m'a répondu : « Humm ! Mon père, il aimait, voyons... Oh, oui ! Il aimait beaucoup Joe Dassin. Il aimait aussi... ». Je ne pus m'empêcher de l'interrompre immédiatement pour lui raconter la belle synchronicité de la veille. Il était certain que son père voulait qu'elle sache qu'il était rendu à la Lumière. Avec les vives émotions ressenties dans la voiture, je n'en avais pas de doute. Pour avoir une preuve supplémentaire, je lui ai cependant demandé : « Et quelle était sa chanson préférée de ce chanteur ? ». Elle ne le savait pas et elle m'a promis de vérifier auprès de sa mère. Je lui ai alors raconté le but de ce questionnement, en taisant toutefois le titre de la chanson.

Puis, elle m'a dit : « Devine ce qui m'est arrivé en rentrant chez moi hier après ton départ ? Je voulais me mettre un peu de musique pour me détendre. J'ai un lecteur de disques à plusieurs compartiments et j'en avais sélectionné un que je désirais entendre. Toutefois, le lecteur refusait systématiquement de prendre le compartiment sélectionné et il en faisait jouer un autre. » « Lequel » lui ai-je alors demandé ? « Il tombait toujours sur la chanson *I'm alive*[1] m'a-t-elle répondu. « Je comprends maintenant pourquoi. Mon père voulait me parler par le biais de cette chanson, mais je ne l'écoutais pas. J'aurais mieux fait de laisser aller ce disque au lieu de m'entêter à vouloir

---

1. Traduction : Je suis en vie. Tiré de l'album *A New Day Has Come*, de Céline Dion.

mettre l'autre. Finalement, j'ai quand même reçu ce signe que j'attendais et je sais maintenant qu'il est rendu à la Lumière. »

Voyez comme cela est extraordinaire ! Le père de Marie-Josée voulait lui répondre et il a pris un détour pour lui offrir une réponse des plus claires. Il s'est même assuré qu'elle ait toutes les preuves pour ne pas douter de cette communication. Et vous vous doutez bien qu'il préférait Le Jardin de Luxembourg, parmi tous les titres de Joe Dassin. Elle avait demandé une réponse et elle l'a obtenue telle qu'elle l'avait souhaitée, autant dans la forme que dans le contenu. Toutefois, elle n'aurait pu imaginer un tel dénouement, moi non plus d'ailleurs. Je n'ai été qu'un récepteur pour ajouter une plus grande certitude. Je ne connaissais pas son père et encore moins ses goûts musicaux, alors ce détail pesait dans la balance des confirmations. Remettre en question cette communication de son père devenait de plus en plus difficile. Comme les paroles de cette chanson, Marie-Josée avait dit à son père en d'autres mots : « Moi, je suis presque bien. La vie continue. Je vais comme elle vient. Mais si tu m'appelais, tu verrais comme rien ne change. Moins loin dans l'avenir, y a-t-il un chemin pour nous réunir ?[1] ». Et son père s'est empressé de l'appeler pour lui révéler ce chemin qui pouvait désormais les réunir.

Pas de réponse...

Des moments magiques comme ceux-là redonnent espoir et permettent de voir au-delà de la peine et du vide causé par l'absence. La certitude de la présence constante de l'être aimé s'installe et nous rassure. Il importe cependant de savoir que le choix de répondre ou non appartient à l'âme désincarnée. Il peut arriver qu'elle ne puisse ou ne veuille pas nous répondre. Il ne faut surtout pas le prendre de manière personnelle, comme un rejet, un manque d'amour ou une séparation finale. Quelquefois, cette communication n'est tout simplement pas appropriée dans le temps ou pour le cheminement commun. Voilà pourquoi il importe d'effectuer les demandes sans attente, en sachant qu'elles auront lieu si cela est propice et profitable pour tous.

---

1. Extrait de *Le Jardin du Luxembourg*, de Joe Dassin.

Ici aussi, le détachement est nécessaire pour s'éviter de grandes déceptions et pour ne pas nuire à la communication. En effet, les attentes sont comparables aux hameçons pour les poissons. En leur présence, les âmes craignent de rester accrochées et d'être ainsi retardées dans leur ascension, elles préfèrent alors ne pas trop s'approcher. N'oublions pas que toute communication nécessite un effort pour l'âme qui doit nécessairement ralentir son taux vibratoire pour entrer en communication avec la matière plus dense pour ensuite reprendre son rythme de croisière. Elle sera donc plus encline à venir à nous si nous enlevons, ou à tout le moins, si nous diminuons les obstacles sur sa route. Les échanges du cœur s'entendent dans la liberté ou l'ouverture et non dans les attentes et la captivité.

Attention, danger!

Autant la communication peut être bienfaisante dans le processus du deuil, autant l'espoir déchu d'obtenir une réponse peut devenir nuisible. Pour que cet outil demeure bénéfique, il importe de garder en mémoire que nous ne pouvons exiger, supplier ou interférer pour avoir un signe de l'être aimé. C'est dans l'acceptation totale que l'utilisation de cet outil est souhaitable. Il faut, en conséquence, être fin prêt à s'abandonner totalement à toutes les possibilités, c'est-à-dire à s'en remettre entièrement à la décision de l'âme concernée, sachant qu'elle saura choisir l'issue la plus appropriée à nos cheminements respectifs.

Il importe ici de faire une précision très importante pour éliminer les craintes de certaines personnes d'être sollicitées par toutes sortes d'énergies, particulièrement par celles de basses vibrations qui proviennent des âmes qui ne retrouvent plus leur lumière, un peu comme celle que j'ai rencontrée au chapitre 5[1]. J'aimerais ici dire que nous avons le plein pouvoir à propos des communications qui nous arrivent de l'au-delà. Notre libre arbitre nous permet de déterminer les balises de ce que nous voulons et de ce que nous refusons.

---

1. Voir page 87.

Comme analogie, pensons à nos conversations téléphoniques. Le téléphone est un outil utile et performant dans nos vies. Il ne nous vient pas à l'esprit de le condamner parce que certaines personnes l'utilisent à des fins plus ou moins respectables. Nous sommes parfois contactés par certains interlocuteurs indésirables, mais en toute conscience nous savons que nous pouvons y mettre fin quand bon nous semble. Il en est de même avec toutes les formes de communications. Rien ne peut nous être imposé, nous sommes les maîtres de notre vaisseau et nous décidons de ce que nous désirons y laisser entrer.

Il existe une façon d'éviter les visites non désirées, en utilisant la Lumière pour nous protéger. Ainsi, préalablement à toute communication avec l'au-delà, nous centrons notre attention au cœur et nous demandons la Lumière en nous et tout autour de nous. Ce faisant, nous élevons notre taux vibratoire assez haut pour ne plus être en contact avec ces énergies plus basses. Pour plus d'assurance, nous pouvons également demander officiellement à qui nous désirons parler. C'est un peu comme se prémunir d'un afficheur pour contrôler les appels. Tel l'aimant, les énergies de la crainte attirent les basses vibrations, celles de l'amour attirent inévitablement des vibrations plus élevées. Sachant cela, nous pouvons nous préparer à accueillir notre invité en toute quiétude.

Et si la réponse ou la communication tarde à venir, rien ne sert de se torturer l'esprit avec des hypothétiques motifs, de s'user le cœur avec des déceptions et des frustrations. Il vaut mieux s'en référer à notre âme ou à notre guide pour nous aider à accepter cette situation telle qu'elle est, car la non-acceptation peut constituer un véritable danger. Elle est comparable à un barrage. Elle provoque un important blocage d'énergie dans tous nos corps et crée la stagnation. Puisque tout ce qui arrive nous est profitable pour apprendre et nous transformer, sachons accueillir la réponse de l'âme avec le respect et l'amour que nous portons à l'âme elle-même.

> *Quand nous nous laissons aller, l'énergie, qui a été bloquée par notre résistance, est libérée. Enfin! La vie s'ouvre, explose, bouge, s'élargit, et soudainement nous voyons des possibilités qui n'étaient pas disponibles avant.*
>
> Cheri Huber

Miser juste

Lorsqu'on s'adresse à une âme que demandons-nous au juste? Quelquefois, nos demandes sont floues, irréalistes ou injustifiées. Les règles de communication avec les âmes ne diffèrent pas de celles utilisées avec nos confrères et consœurs. Pour pouvoir être entendu, voici trois règles importantes à respecter:

a) Définir précisément notre requête. Qu'est-ce que je désire exactement savoir? Les sous-entendus créent des ambivalences ou des équivoques inutiles. Plus la demande sera claire et précise, plus il nous sera facile de reconnaître la réponse avec certitude. Alors, si la réponse obtenue diffère, nous pouvons vérifier la clarté de la formulation. À défaut, rien ne nous empêche de la préciser, en restant toujours détachés de la réponse.

b) Connaître la motivation qui nous pousse à faire cette demande. Pourquoi est-ce que je désire entrer en contact avec cette âme? Ce questionnement nous permet de voir les intentions qui se cachent derrière ce désir. Sont-elles nobles et à notre service ou servent-elles de prétexte pour camoufler les comportements destructeurs et contrôlant de notre ego? L'âme ne comprend que par le cœur, d'où l'importance d'utiliser ce langage quand nous nous adressons à elle. Prenons un exemple. Jeanne refuse obstinément d'accepter la mort de son conjoint et désire continuer sa vie de couple. Elle lui demande donc fréquemment de se manifester de manière irréfutable aux yeux de tous pour justifier son refus d'acceptation. Une manifestation claire serait pour elle une belle preuve que tout est comme avant. Il y a fort à parier qu'elle n'obtiendra pas cette confirmation, car elle sert son mental et non son cœur. Il ne s'agit pas d'un refus de répondre, mais d'une incapacité à comprendre le langage du mental.

c) La demande doit également être réaliste, réalisable et servir à notre cheminement. La communication avec les âmes n'a pas pour but de régler nos problèmes, de faire disparaître nos souffrances ou de nous prendre en charge. Elles ont beau être au Ciel, il demeure tout de même utopique d'espérer qu'elles nous offrent la Lune ! Par exemple, demander qu'un billet de loto soit gagnant comme réponse à une question constitue une requête très précise et circoncise, mais irréaliste puisque d'autres facteurs plus complexes entrent en jeu. Notre imagination peut nous être utile pour diriger la réponse vers une voie qui satisfera notre cœur, mais il importe de demeurer conscients que l'âme n'est pas une sorte de génie de la lampe, répondant à tous nos désirs.

Appliquer ces règles nous offre une meilleure possibilité d'être entendus. Elles ne constituent pas le gage de l'obtention d'une réponse, car cela appartient à notre interlocuteur. Sur Terre comme au Ciel, communiquer avec quelqu'un, c'est entrer en communion avec lui. Cela exige respect, amour, compréhension et compassion. Lorsque nous téléphonons à un ami, nous acceptons d'emblée la possibilité qu'il puisse être absent, occupé ou simplement dans l'incapacité de répondre au moment de notre appel. Certes, la déception de son absence se fait parfois sentir, mais nous ne saurions pour autant lui demander de rester là à attendre que nous l'appelions. Il en est de même pour l'âme. Bien que le temps et la distance n'existent pas au plan céleste, cette âme a aussi sa vie à vivre, son chemin à suivre et ses apprentissages à poursuivre. Ainsi, dans la liberté et l'acceptation, la relation pourra continuer pour l'éternité...

Demeurer attentifs

Après avoir clairement demandé, il ne reste qu'à observer la synchronicité des événements. Le mouvement de contact est amorcé, l'âme décidera ou non de l'achever. Toutefois, lorsqu'elle désire répondre, il est étonnant de voir quelle allure prendra la réponse. Notre mental s'accroche à son langage et cherche la réponse en fonction de celui-ci. Pourtant, c'est avec beaucoup d'humour et de générosité que la Vie nous propose de changer notre vision et notre audition pour voir et entendre autrement.

> C'est avec la logique que nous prouvons et avec l'intuition que nous trouvons.
>
> Henri Poincaré

Au-delà de la sémantique, de la sonorité et des images, il existe un vocabulaire utilisé par les âmes dont la légèreté et la fluidité sont difficilement perceptibles par le mental. Ce langage non verbal ne s'apprend que par l'observation et le ressenti et parle de lui-même. Il s'évoque par le cœur et s'interprète avec la synchronicité des événements. Il ne faut surtout pas chercher à le comprendre de manière rationnelle, cela lui enlève toute sa portée. Ceux-là qui s'y aventurent n'y trouvent qu'incompréhension et hasard comme explication logique et raisonnée. Certes, ce langage imagé peut parfois être ardu à décoder, mais une fois la connexion entre notre corps et notre âme établie, le sens se dévoile, s'entend ou se ressent.

Par contre, il faut prendre garde de tomber dans l'excès. À trop vouloir voir les signes, nous n'aurons que confusion et déception. Comme partout ailleurs, la modération a bien meilleur goût. Le désir ardent de recevoir un signe ne doit pas nous aveugler, même si cela représente une importance capitale pour nous. Rester vigilants, c'est ouvrir son cœur pour pouvoir capter les signaux émis, c'est ouvrir la radio sur la bonne fréquence. Si nous changeons constamment de poste, nous n'entendrons qu'un amalgame de sons insensés et le message risque de passer inaperçu comme si la radio était fermée.

> ### J'ai demandé à...
>
> Marie-Lise Labonté[1], si elle avait reçu un signe de son conjoint après son décès. Voici ce qu'elle m'a répondu :
>
> « Le soir même de la cérémonie funéraire qui a eu lieu une semaine après sa mort, j'étais dans mon loft à Montréal avec ma meilleure amie et sa jeune fille d'environ dix ans. Cette cérémonie funéraire avait été pour moi une réelle épreuve et mon amie était présente pour me réconforter. Sa fille connaissait très bien Nataraj et l'aimait énormément. Nous avons mangé ensemble tout en discutant du départ de Nataraj avec cette jeune fille pour l'aider à comprendre sa mort. Soudainement, les lumières se sont mises à osciller. La jeune file s'est aussitôt exclamée : « Oh, je sens Nataraj ! Il est ici. » Elle ne savait pas si elle devait avoir peur ou si elle devait être contente. Elle avait les larmes aux yeux, tellement l'émotion était forte. Sa mère et moi avions des frissons dans l'intensité du moment. Nous sentions également la présence de Nataraj et nous l'avons immédiatement rassurée en lui disant qu'il était simplement venu nous saluer. C'était tout à fait extraordinaire ! »

Une volée d'oiseau qui surgit comme un éclair ou encore des lumières qui subitement oscillent ne marque pas toujours la présence d'un être cher. Il ne faut donc pas chercher à faire parler ce qui est muet, à voir un signe là où il n'y en a pas. Notre cœur devient le seul juge pour reconnaître une manifestation d'une âme désincarnée. Soyons assurés que lorsqu'elle se présentera, il saura parfaitement la reconnaître. Il y a définitivement une magie qui s'opère lorsqu'une âme nous contacte, quelque chose de *tout à fait extraordinaire qui nous bouleverse*. Et si malgré tout, le doute s'empare de nous, demandons donc une confirmation. L'âme qui désire nous parler

---

1. Marie-Lise Labonté est auteure, conférencière et médium. Elle a notamment écrit *Les familles d'âmes, Le déclic, Ces voix qui me parlent, Au corps de notre cœur, Se guérir autrement c'est possible, Mouvements d'antigymnastique : naître à son corps, naître à soi-même*.

saura trouver le moyen de nous convaincre hors de tout doute par un signe de jour ou par un signe de nuit.

Les signes de nuit

Les signes de nuit surviennent par le biais des rêves. Pendant la nuit, notre âme se libère du mental et du corps physique, et cela, même si nous n'en avons absolument pas conscience. Le sommeil est utile à la régénération du corps, mais l'âme, qui n'en a point besoin, profite de ce moment pour continuer sa formation, pour voyager, se détendre, s'amuser, régler des conflits ou encore retrouver des êtres chers. À ce sujet, Peter Richelieu[1] dit que «Pendant que notre corps physique dort, nous fonctionnons dans nos corps astraux au niveau astral et y rencontrons des amis et des connaissances qui sont morts...» La nuit devient donc un lieu propice à la découverte.[2] Bien que nous ne ramenions pas toujours de souvenirs de ces différents voyages, il n'en demeure pas moins que notre âme en tire tout de même profit. Malgré que les souvenirs s'estompent au réveil, il demeure parfois des sensations qui nous laissent croire que la nuit a été mouvementée ou que nous avons travaillé très fort pendant le sommeil. Parfois, avant même d'avoir posé les pieds au sol, un déclic se passe et nous trouvons la solution à une situation problématique que nous avons tant cherché à solutionner.

> *L'œil voit les choses de façon plus certaine dans les rêves qu'il ne les voit par l'imagination durant la veille.*
>
> Léonard de Vinci

Les rêves constituent donc des outils fort précieux pour notre cheminement. Il y a quelques années, j'ai suivi un bref atelier sur le rêve offert par l'École de Rêves de Nicole Gratton. Cela m'a permis d'apprendre le fonctionnement du rêve pour l'utiliser de manière

---

1. Peter Richelieu, *La vie de l'âme pendant le sommeil*, p. 39.
2. Voir à ce sujet le livre de Nicole Gratton, *La découverte par le rêve*.

efficace. En tenant quotidiennement un journal de rêves et en demandant à mon âme de travailler sur ces aspects précis pendant la nuit, j'ai vite réalisé à quel point la nuit devient une mine d'or pour nous.

Par exemple, il m'est souvent arrivé, pendant l'écriture de ce livre, d'être inquiète en commençant ou en terminant un chapitre. Le processus intuitif auquel je me suis abandonnée ne me permettait pas toujours d'avoir une vue d'ensemble des différentes parties et cela m'insécurisait. Alors, pour me calmer, j'utilisais mes rêves. Le soir, en me couchant, je faisais le postulat[1] de prendre connaissance des éléments importants à traiter ou encore de lire cette partie du livre. Puisque dans les plans célestes, le temps n'existe pas, le passé, le présent et le futur se confondent. Il nous est donc possible de prendre connaissance d'informations qui nous seront indispensables, même si, techniquement, elles n'existent pas encore ici-bas. Beaucoup de grandes inventions résultent d'ailleurs de visions provenant des rêves. À mon réveil, je consignais les idées ou les poins importants à traiter. Ces rêves m'ont réellement permis de faciliter ce travail d'écriture.

> *Relie par des rêves bien dirigés, le travail du soir au matin.*
>
> Jules Renard

Ainsi, par les envolées oniriques, nous avons accès aux dimensions supérieures toutes les nuits. Mais la clé pour bénéficier pleinement des informations et des possibilités qui s'y trouvent, demeure la conscience. C'est donc en apprenant à décoder ce langage particulier et en s'en servant en toute lucidité que se révélera le trésor enfoui dans les périodes de sommeil.

L'interprétation des rêves est accessible à tous. Elle demande cependant temps et discipline pour saisir le sens des symboles utilisés. Lorsque nous apprenons une autre langue, il nous serait fort

---

1. Postulat : Façon d'induire le rêve, de l'orienter ou de le programmer. C'est en fait une demande ou un objectif à accomplir durant la nuit. Lire à ce sujet *L'art de rêver*, *La découverte par le rêve*, *Les rêves, messager de la nuit*, de Nicole Gratton.

ardu de décoder le sens d'une phrase sans le contexte dans lequel elle a été dite. C'est à l'aide de ce contexte que nous forgeons notre compréhension. Il en est de même pour le langage du rêve. Ainsi, en tenant un journal de rêves, en donnant une direction spécifique à cette période de découverte à l'aide d'un postulat, et en notant nos aventures oniriques au fil des jours, nous aurons plus de facilité à comprendre ces messages de la nuit. C'est dans l'action que nous apprendrons à comprendre la signification des « courriels » de notre âme.

En plus de nous guider dans notre quotidien, les rêves représentent également un mode de communication fréquemment utilisé par les âmes pour nous parler, nous dire ce qui leur tient à cœur. La nuit devient ainsi un lieu de rencontres privilégiées avec ceux qui nous ont quittés puisque notre âme s'élève vers les plans célestes où vivent les âmes désincarnées. Ces rencontres peuvent être initiées par l'âme ou par nous. Si nous ressentons le désir de nous adresser à une âme, nous pouvons utiliser le postulat qui orientera notre nuit dans cette direction.

Ici encore, il faut user de ce moyen de communication avec détachement. Si l'âme visée le désire, elle viendra nous rendre visite au moment opportun. Comme dans toute relation, nous ne pouvons imposer un mouvement de conversation, nous pouvons seulement l'initier. Nous l'avons vu plus haut, les attentes sont de réelles embûches pour les âmes, même dans les rêves. Également, il faut prendre garde d'associer tous les rêves où une personne décédée apparaît à une communication avec l'au-delà. Dans certaines explorations oniriques, les gens de notre entourage représentent, de façon imagée, un côté de notre intérieur qui demande à être observé. C'est dans le ressenti que nous saurons faire la différence entre les deux. Outre le souvenir que suscite cette présence, il doit y avoir une sensation de proximité réelle indescriptible qui fait douter qu'il ne puisse s'agir que d'un rêve. En fait, lorsqu'une véritable communication s'est établie durant la nuit, nous en demeurons enveloppés au réveil. Le sens des propos échangés peut être perdu, mais l'empreinte de la présence demeurera dans notre cœur.

La mort et la vie : l'alliance de l'amour

> ### J'ai demandé à ...
>
> Micheline Lapensée[1] si elle avait déjà eu une communication avec une personne décédée dans une de ses expériences oniriques et comment elle avait su qu'il ne s'agissait pas d'un rêve, mais bien d'une véritable communication ?
>
> « J'ai eu plusieurs communications avec les personnes décédées. Certaines n'étaient que la manifestation d'une présence enveloppante et aimante qui persistait même après mon réveil; parfois même, cela m'a éveillée. D'autres furent tellement intenses qu'au réveil, j'avais la sensation d'une réelle présence à mes côtés et j'étais habitée d'un sentiment d'amour immense. Notamment, un rêve avec mon conjoint décédé où j'avais demandé à le rencontrer. »

Les communications oniriques laissent donc des traces indélébiles qu'il devient difficile de nier même pour le mental. Si la sensation qui persiste au réveil ne nous convainc pas de la réelle présence de cette âme, il suffit de lui demander une confirmation. Son désir de nous joindre lui fera trouver la manière de calmer les ardeurs de notre mental trop actif. Parfois, le plus étonnant, c'est que ces confirmations viennent sur un plateau d'argent sans que nous les demandions. En voici un exemple extraordinaire, que la mère de Frédéric[2] m'a si généreusement communiqué. La nuit où Frédéric est décédé, elle a rêvé qu'il lui téléphonait pour lui dire : « Maman, je suis en haut. Maman, je suis en haut ! ». Elle savait que Frédéric lui avait parlé cette nuit-là. Elle avait compris son message, mais comme toujours, elle espérait une confirmation pour en avoir la profonde certitude.

Environ deux à trois semaines après avoir fait ce rêve, la mère de Frédéric a rencontré une amie. Cette dernière lui a alors dit spontanément qu'elle avait fait un rêve le soir de la mort de Frédéric. Dans

---

1. Micheline Lapensée est l'auteure de *Rêves et Deuil*. Elle offre des conférences et des ateliers et elle est également animatrice certifiée de *l'École de Rêves Nicole Gratton*.
2. Voir chapitre 5, page 88.

ce songe, Frédéric lui avait fait savoir qu'il tentait de téléphoner à sa famille, mais qu'il n'y avait pas de réponse en bas à cause de la trop grande émotivité de chacun. Quelle belle confirmation cette mère a alors reçue de son fils sans même l'avoir demandée! Elle n'avait plus à douter, il lui avait bel et bien fait signe.

Les communications d'âme à âme qui ont lieu pendant le sommeil se révèlent donc avec plus de clarté que les rêves où la présence d'un être représente un aspect de notre personnalité. Plusieurs personnes m'ont dit n'avoir jamais souvenir de leurs rêves et pourtant ils se sont souvenus d'un rêve avec un être cher. Un de mes amis, Pierre, me racontait à son grand étonnement se souvenir avec beaucoup de précision et de détails d'un rêve à propos de son père décédé un an auparavant, lui qui s'éveillait habituellement sans réminiscence aucune de ses voyages nocturnes. Ce matin-là, à son réveil, tout était clair, limpide, comme le souvenir d'un moment précieux. Il revoyait les images de son rêve très nettement. Il était dans sa maison et il s'est dirigé vers la fenêtre pour regarder dehors. Il a alors vu une tête au visage angélique dépourvue de corps se déplacer au ras du sol en faisant flotter derrière elle une longue cape. Se sentant observé, ce drôle d'ange s'est retourné vers lui et lui a annoncé par télépathie la venue de son père. Pierre s'est dirigé vers la porte, l'a ouverte avec empressement. Son père était effectivement là. Il lui a alors demandé s'il pouvait le toucher, pensant que ce dernier n'était qu'un fantôme. Son père a acquiescé à sa demande et à son grand étonnement, il a senti son l'épaule de manière tangible. Il a alors ressenti en lui une joie immense et un amour intense l'envahir. Spontanément, ils se sont fait une accolade. Ensuite, il a crié à sa femme et à ses enfants : « Venez, papi est là ! ». Mais, ces derniers n'ont pas semblé l'entendre. Pierre s'est alors assis sur le canapé avec son père en posant son bras sur ses épaules, comme deux grands copains l'auraient fait. Ils ont tous deux savouré sans rien dire, le bonheur d'être tout simplement en présence l'un de l'autre. Puis, son père est reparti.

Aussi étonnant que cela puisse paraître, dès que Pierre a commencé à me parler de ce rêve, une mouche s'est mise à faire l'aller-retour entre lui et moi sans nous lâcher. Elle était très insistante, se posant sur sa tête, sur la mienne, sur ses mains puis sur les miennes et aucun mouvement ne la faisait s'éloigner. J'écoutais Pierre avec intérêt, mais je ne pouvais m'empêcher de sourire. Cette mouche était un signe de jour, j'en étais persuadée. Elle ne pouvait être aussi présente sans raison. Après avoir terminé son récit, Pierre a remarqué ce large sourire qui ornait mon visage et il a aussi pris conscience de la présence de la mouche.

Ces souvenirs oniriques laissaient Pierre un peu perplexe et il m'a demandé alors mon opinion. Je ne sais plus exactement ce que je lui ai dit, mais dans son sourire, j'ai vu que ces paroles étaient la confirmation qu'il attendait. Au fond de lui, il y avait une petite voix qui lui disait que ce n'était pas un rêve, qu'il avait reçu la merveilleuse visite de son père. Il avait simplement besoin de l'écho de ma voix pour l'entendre. Et notre amie la mouche était le dernier petit coup de pouce pour l'en convaincre. Et comme si cela n'était pas encore suffisant, notre amie la mouche est revenue nous saluer avec insistance lors d'une autre rencontre où Pierre et moi discutions encore de ce rêve. Cette fois, le plus étonnant, c'est que nous étions le 28 novembre et que les mouches ont habituellement hiberné à ce temps de l'année...

> *Fiez-vous aux rêves, car en eux est cachée la porte de l'éternité.*
>
> Khalil Gibran

Le sommeil sert d'alibi pour engager la conversation entre les mondes. Il peut également servir de lieu de travail pour continuer des actions amorcées avec une personne chère lorsqu'elle était sur Terre. Nous l'avons vu plus haut, le rêve permet d'agir, de s'instruire, de se divertir. Les possibilités y sont infinies. Il nous permet également de poursuivre une mission amorcée ici-bas avec un être cher, même après sa mort. Ici, la continuité des relations prend tout son sens. La mort ne nous sépare point. La vie suit son cours et les âmes achèveront ce qui doit être terminé. Le rêve devient alors un endroit idéal pour agir de concert avec le monde invisible pour qu'à notre réveil nous puissions refléter le travail nocturne dans la matière. Ainsi, plus nous aurons conscience de nos rêves, plus nous pourrons tirer les bénéfices des actions accomplies en collaboration avec les âmes pendant notre sommeil.

> *J'ai demandé...*
>
> À Marie-Lise Labonté[1] si elle avait reçu la présence de Nataraj dans ses rêves.
>
> « Nataraj se présente à moi dans deux types de rêve. Le premier il vient sous la forme d'une partie masculine de moi (mon animus) et je tente de le rendre à nouveau vivant tel dans le mythe d'Isis qui fait renaître de ses cendres le corps de son époux décédé Osiris. Je reconstruis son corps jusqu'à temps qu'il prenne forme humaine. Ces rêves ont longtemps été douloureux et me laissaient au réveil avec une sensation intolérable de perte et de manque de l'être cher. L'autre type de rêve ne se situe pas au même niveau de ma psyché, je rencontre l'âme de Nataraj et il me signifie qu'il fait partie du royaume des morts auquel je n'ai pas accès. Ensemble nous poursuivons notre mission, lui dans l'au-delà et moi dans l'ici-bas. Quelquefois, je lui demande de pouvoir le rejoindre et il me fait ressentir que ce n'est pas possible et il me montre le chemin que je dois poursuivre sur terre. Ces rêves sont très puissants et je me réveille dans un état de douceur et d'enveloppement. Je ressens sa présence et je le reconnais. Je le porte en moi. C'est à ce moment que j'entre en contact avec l'immortalité de son âme ».

> *La nuit fait voir de belles choses à qui sait voir les paupières closes. Le rêve élève l'élève qui sait écouter la leçon des songes.*
>
> Nicolas Certains

---

1. Marie-Lise Labonté est auteure, conférencière et médium. Elle a notamment écrit *Les familles d'âmes, Le déclic, Ces voix qui me parlent, Au corps de notre cœur, Se guérir autrement c'est possible, Mouvements d'antigymnastique : naître à son corps, naître à soi-même*.

Certes, les âmes désincarnées peuvent nous donner un gros coup de main pour les tâches à accomplir ici-bas, mais nous aussi pouvons les aider pendant la nuit. Il nous est également possible de mettre nos nuits au service de leur élévation. Ainsi, par des postulats ayant cet objectif, nous leur offrirons soutien et amour pour leur propre avancement. Nous pouvons par exemple faire le postulat suivant : « Cette nuit, je me rends dans un lieu de Lumière et d'amour afin de prier pour l'élévation de l'âme de ... » ou encore : « Cette nuit, j'offre tout mon amour et mon soutien à l'âme de ... pour qu'elle soit guidée vers la Lumière ». Nous pouvons laisser parler notre cœur qui saura trouver les mots pour être au service d'une âme.

Pour que cela continue !

Nous l'avons vu tout au cours de ce livre, la relation que nous avons eue avec un être cher se continue après la mort. Ce lien profond qui se développe dans nos journées, et également dans nos nuits, peut être basé sur la passivité, c'est-à-dire que nous attendons sans rien faire qu'un signe ou un message nous parvienne. Mais il peut également se vivre dans l'action en utilisant les moyens à notre disposition pour mettre en place une véritable collaboration. La prière, la méditation, les mantras, les rêves et l'observation deviennent des outils concrets pour agir et nourrir cette relation. Les signes de jour et de nuit seront, quant à eux, utilisés par les âmes comme gage de leur engagement envers ce lien immortel du cœur.

Pour œuvrer ensemble sur d'autres plans il nous faut seulement apprendre à se comprendre à nouveau. Ces moyens de communication sont accessibles à tous, sans réserve ni discrimination. Nous possédons tous ce don exceptionnel qu'est le langage du cœur et nous avons tous la possibilité de découvrir à nouveau son fonctionnement, que nous avons simplement oublié avec les incarnations.

Tant sur le plan terrestre que sur le plan céleste, nous pouvons collaborer à l'avancement de l'autre, lequel sert inévitablement au bénéfice commun. Les signes de jour représentent une manifestation tangible de cette continuité des relations. Les signes de nuit, quant à eux, constituent une porte grande ouverte pour franchir la barrière entre les mondes afin de dépasser les limites de notre matérialité. Ces outils nous permettent d'explorer la vie sous un autre angle, celui de l'intangibilité. Ils nous font basculer dans un univers riche de possibilités qui dépasse l'entendement humain. S'ouvrir à nouveau à ce monde impalpable enfoui au creux de notre mémoire est une véritable bénédiction, une source intarissable d'amour et de connaissance.

> *Méditez, priez, soyez à l'écoute des signes de la Grâce qui guide votre vie. Ne tentez pas de retenir votre vision, laissez-la être, car votre âme sait pourquoi elle est sur cette planète.*
>
> Marie Lise Labonté, *Les familles d'âmes*

Conclusion

L'infini, c'est comme une promesse qui s'ouvre devant nous : on sait qu'on aura toujours des Merveilles à découvrir. On ne peut pas se lasser des Merveilles ni de l'Amour de Dieu, parce qu'Il est toujours renouvelé, tu vois. C'est toujours des choses parfaites pour soi, le mieux qu'on peut espérer : le plus beau, le plus doux, le plus agréable, toujours le mieux...

Johany-Midaho

Me voilà arrivée à la fin de ce livre, et en même temps, une autre tranche d'accompagnement s'écrit dans ma famille. Comme aïeuls, il ne me reste actuellement que ma grand-mère Yvette, l'épouse de grand-papa Adrien. De manière intuitive, elle sent la mort venir vers elle. Elle a de fréquentes visions de son défunt mari, qu'elle n'arrive pas à expliquer. Grand-maman se confie à ma mère qui va régulièrement lui rendre visite. Depuis quelque temps, je reçois la visite de son âme dans mes méditations. Elle reste silencieuse, mais je sens toutefois son désir de se familiariser avec le passage vers la Lumière, de revoir à nouveau le chemin de sa maison céleste afin d'être prête lorsque le grand jour se présentera. Je crois que c'est une façon pour son âme de calmer les craintes et les peurs de son mental. Depuis quelques semaines, grand-maman vient de plus en plus souvent me voir. Parfois, elle est seule et à d'autres moments, elle est accompagnée par grand-papa Adrien. Visiblement, ce dernier, le sourire aux lèvres, savoure pleinement ces moments passés avec elle en attendant de retrouver sa bien-aimée.

Lors d'une de ces rencontres avec grand-maman, je lui ai demandé si elle voulait voir le chemin vers la Lumière. Puisqu'elle a acquiescé, nous avons fait la grande traversée ensemble, de la même manière que je l'avais fait avec grand-papa Adrien[1], mais cette fois, le voyage s'est fait rapidement, en silence, la montée comme la descente. Puis, elle est repartie aussi vite qu'elle était arrivée sans aucun commentaire. J'ai alors senti que son besoin avait été comblé et que tout était parfait ainsi. Comme ce n'était pas sa première visite, je ne me suis pas préoccupée outre mesure de la signification de cette communication. Il m'apparaissait alors très nettement que grand-maman se préparait petit à petit à quitter le plan terrestre et que son âme s'éveillait tout doucement à cette transformation qui se tramait.

Puis, le 3 décembre 2003, au cours de ma méditation, grand-maman et grand-papa sont venus me voir, une fois de plus. Cette fois, ils désiraient me parler et le sujet du jour n'était pas le départ de grand-maman. Ils souhaitaient m'aider à poursuivre le travail amorcé dans ce livre et ils m'ont dit que les visites de grand-maman n'étaient pas simplement là pour la préparer à son retour dans sa famille céleste, mais elles servaient également d'enseignement. J'ai alors ressenti, par la présence de mon grand-père, un dessein plus grand, comme si grand-papa avait commencé quelque chose avec moi qu'il voulait mener à terme. Ce sentiment si vaste m'a fait prendre conscience que je n'avais définitivement pas mesuré adéquatement l'ampleur de sa participation dans ce beau et grand voyage que nous avions entrepris ensemble, il y quelques années.

---

1. Voir chapitre 3, page 53.

Conclusion

Ainsi, mon grand-père m'avait offert ma première véritable expérience de communication avec les âmes, semant par le fait même une graine dont j'ignore encore tout au sujet des fruits à éclore. Je croyais avoir vu, dans les enseignements transmis, la teneur de cette semence, mais lors de notre dernière conversation, j'ai senti que je n'avais aperçu que les bourgeons. C'est comme si, devant moi, une porte sur l'infini s'ouvrait pour me montrer l'ampleur du travail à faire pour aider les âmes à ascensionner. Je ne connais pas encore la suite des événements et je préfère d'ailleurs me laisser guider au fur et à mesure.

Durant les quelques instants que j'ai passés avec eux, ils ont insisté sur le lien à faire entre les communications que j'avais eues avec l'âme de grand-maman et les signes qu'elle manifestait sur le plan terrestre. Il me fallait donc revoir toutes ces communications pour comprendre que chaque fois qu'elle s'était manifestée à moi, elle avait également offert un indice important à son entourage. Grand-maman se joignait donc à nous pour le reste de l'aventure afin de parler de l'importance d'être à l'écoute des personnes qui sentent la mort approcher. Une sensation indescriptible est venue m'habiter pendant un bref instant : mon cheminement d'accompagnante d'âmes faisait partie du plan de vie de mes grands-parents, comme un objectif commun consigné dans le grand livre de la Vie. J'avais alors l'impression qu'ils étaient là pour me dire que toute cette histoire ne faisait que commencer. En y réfléchissant, j'en suis encore estomaquée ! Je recevais encore une fois une manifestation de la perfection de la Vie dans toute sa beauté et sa grandeur. Et je sais que ma vision terrestre est pourtant encore très parcellaire.

Ainsi donc, les visites de grand-maman se révélaient être bien plus qu'une préparation à passer au plan astral. Elles venaient me confirmer à quel point les âmes ont besoin de nous, non seulement pendant et après le passage vers la Lumière, mais également avant. Les différentes indications que ma grand-mère offrait dans son discours n'avaient rien de hasardeux et reflétaient le désir de son âme de se préparer à cette grande traversée. En fait, à bien y penser, c'était la première leçon que grand-papa était venu m'enseigner, car lui aussi en avait donné de nombreux signes. Toutefois, je n'avais saisi que sa volonté de transmettre un message à ses proches à la vieille de son départ imminent. Mais voilà qu'en revenant cette fois avec grand-maman, pour insister sur l'importance du message, il apporte un éclairage nouveau pour dire que l'âme qui s'apprête à faire le grand passage, désire le faire savoir pour ne pas être seule à le vivre. En regardant attentivement, nous pouvons saisir cet appel de l'âme.

Certes, pour les plus sceptiques, ces indices peuvent représenter de simples hallucinations ou être attribués à la médication, à la sénilité, à la folie ou je ne sais trop à quelle autre cause. Toutefois, je suis persuadée maintenant de leur signification. Après chacune des visites de grand-maman, j'ai questionné ma mère à propos de l'état de santé général de ma grand-mère, sans lui mentionner un seul mot de nos rendez-vous que j'avais eus avec cette dernière. Il ne pouvait y avoir tant de hasards. Chaque moment de déprime de grand-maman, chaque vision qu'elle a eue de grand-papa, chaque fois où elle a exprimé son désir de mourir correspondait dans le temps avec un de nos rendez-vous. C'est seulement lors de la conversation du 3 décembre avec mes grands-parents que j'ai fait le lien entre nos rencontres d'âmes et le discours très terre à terre de grand-maman. Son âme désirait réellement qu'on sache qu'elle s'apprêtait à partir. Et plus j'y pensais, plus les circonstances entourant la mort de mon grand-père Adrien étaient semblables. Il y avait là aussi une corrélation à faire entre les rencontres que j'avais eues avec lui et les signes qu'il avait alors manifestés.

Cette dernière rencontre avec mes grands-parents me questionne énormément. L'âme qui connaît le moment où elle quittera le plan terrestre donne-t-elle toujours des signes à son enveloppe physique pour qu'elle se prépare et qu'elle en informe son entourage afin qu'il puisse l'accompagner dans ce processus de transformation qu'est la mort ? Il m'apparaît plus facile de répondre affirmativement à cette question dans le cas de maladie et de vieillesse et de toute évidence, l'observation de ces signes est plus aisée. Mais sera-t-il possible de l'observer et de le confirmer dans les cas de départ subit ou prémédité ? Est-ce que l'âme désire réellement nous informer de son départ dans ces cas ou simplement nous faire savoir qu'elle connaissait son heure? Avons-nous la capacité de détecter ce signal sans devenir paranoïaques ni craindre le pire à chaque instant? Est-ce même possible de concevoir que les âmes veulent et peuvent toujours nous prévenir de leur envol vers les plans célestes? Je n'ai vraiment pas de réponse actuellement à ces questions. Mais je sens qu'elles n'ont pas été inutilement soulevées par le passage de grand-papa et de grand-maman. Aurais-je réellement une explication à offrir un jour à ce sujet? Je n'en sais rien. Toutefois, je sens que, pour le moment, c'est une direction qui m'est tout doucement pointée pour poursuivre ma quête.

À ce jour, je sais qu'il y a bel et bien un échange entre les mondes. Ce ne sont pas seulement les âmes qui peuvent nous offrir assistance; nous aussi, nous pouvons grandement leur être utiles. Par ces échanges, nous favorisons une croissance mutuelle. Ce partage d'énergie sert à l'avancement de chacun et nous propulse vers notre divinité. Il est temps de nous mettre au service des âmes et de sortir de notre mode « attente ». L'essor actuel de la conscience nous permet d'aller de l'avant dans notre quête spirituelle, d'acquérir les connaissances et les outils nécessaires pour s'y engager.

En se centrant sur notre cœur dans des moments de silence, nous saurons comment les aider adéquatement. Il n'y a pas de recette miraculeuse, seulement une écoute silencieuse de ce que notre cœur nous dicte de faire. Pour ce faire, il faut d'abord s'ouvrir nous-mêmes, à la Lumière et à la Vie. Cela implique de vivre tout ce que la vie nous offre, y compris la mort, dans le détachement et l'abandon. En fait, il faut simplement apprendre à voir la Vie d'un point de vue plus vaste que celui du rôle que nous jouons présentement sur Terre. La grande pièce de la Vie est parfaitement dirigée. Mes expériences d'accompagnement m'ont amenée à voir une bien modeste parcelle de cette perfection que j'ai ici tenté de transmettre. Elle ne saurait être complète ni même exacte puisqu'elle est teintée du filtre de ma perception.

Toutefois, grâce à ces expériences, mes vues sur la vie et la mort ont changé et cela a également modifié ma façon de vivre ma vie. Il n'y a pas UNE vérité à dire, mais DES vérités à vivre. Notre cœur connaît déjà ces vérités et nous guide vers elles en nous soufflant tout doucement la voie à suivre. Cependant, nos peurs, nos doutes et nos incompréhensions nous empêchent souvent d'entendre cette voix qui, pourtant, nous offre toujours comme récompense finale la joie et la paix intérieure.

> *Les plus belles et les meilleures choses de ce monde ne peuvent pas être vues ni touchées. Elles doivent être senties avec le cœur.*
>
> Helen Keller

C'est dans l'abandon que nous pouvons marcher sur le chemin du cœur et que nous apprenons à faire confiance à la vie en nous contentant de ce qu'elle nous offre. Se contenter n'a pas ici le sens de privation qu'on peut quelquefois lui accorder. Au contraire, il signifie être contents de ce qui nous arrive et l'apprécier. Avec la certitude que ce qui s'amène est le meilleur pour nous, nous pouvons voir au-delà des apparences parfois trompeuses. Notre mental, habité par la peur et le doute, se laisse souvent berner par les habits que toute leçon revêt au lieu de voir ce qui se cache en dessous. Pourtant, lorsque nous y parvenons, c'est de plein fouet que nous sommes frappés par la grandeur et la beauté de l'amour, par la splendeur de la Vie et des détours qu'elle prend pour nous faire croître, pour nous faire retrouver notre propre Lumière et vivre ici-bas l'amour inconditionnel.

La mort constitue un de ces habits à propos duquel nous nous méprenons. Elle s'avère être un puissant maître malgré ses allures désastreuses. Mais pour la reconnaître, il faut au préalable avoir vu son vrai visage qui nous est dévoilé, chemin faisant, par les expériences que nous rencontrons en cours de route. Derrière chacune d'elles est dissimulé un exercice visant à mettre en pratique notre capacité de nous abandonner à l'amour inconditionnel de la vie dans le but de nous transformer et de nous améliorer. Et la mort constitue notre dernière pratique. Saurons-nous, après ces années d'essais sur la Terre, vivre notre dernière transformation dans la paix et l'harmonie afin d'accéder à la Lumière? Ou demeurerons-nous prisonniers de nos doutes, de nos angoisses et nos croyances?

Le grand mouvement de la vie est perpétuel et ne s'arrête pas avec nos croyances ou nos peurs. Il en est simplement quelque peu ralenti jusqu'à ce que nous retrouvions la voie du cœur. La vie ne meurt jamais, elle évolue, se transforme et se modèle selon sa plus belle version. Forts de cette conviction, nous nous dirigeons vers notre maison céleste avec plus de sérénité. De plus, nous devenons un phare pour ceux qui nous entourent, même sans le vouloir. Notre Lumière les éclaire et les guide eux aussi vers leur voie intérieure. Il y a tant à faire pour que cette voie, pourtant accessible à tous, soit « reconnue » et retrouvée. Saurons-nous mettre à profit nos connaissances pour favoriser l'ascension de ceux qui nous entourent?

La vie et la mort ne sont en fait que deux grandes transformations au service de l'amour. À toute époque, partout dans le monde, différentes facettes de cet amour nous ont été enseignées dans le seul et unique but de croître. Chaque fois que nous parvenons à grandir dans l'amour, c'est l'univers tout entier qui en bénéficie. Chaque geste d'amour posé envers autrui est en réalité un grain de plus en faveur de la croissance humaine. Et chaque intervention accordée pour l'ascension de l'âme élève l'ensemble des âmes. En retour, c'est l'amour décuplé que nous recevons tant individuellement que collectivement. Cette grande force d'amour nous permet de rester en contact avec les plans célestes pour ainsi bénéficier pleinement des ressources qui s'y trouvent. Oserons-nous ouvrir notre cœur pour favoriser plus amplement les échanges entre les mondes?

Après ces merveilleux enseignements qui m'ont été si généreusement offerts, que dire de plus sur la continuité des relations au-delà de la mort? Si je regarde en arrière, il me semble avoir partagé l'ensemble de ce beau cadeau. Et pourtant, tout est encore à dire, à écrire et surtout à vivre. Il va de soi que ce sujet si vaste ne peut être contenu, il ne peut qu'être vécu. Il ne peut pas être expliqué même avec le vocabulaire le plus imagé, il ne peut qu'être senti par le cœur. Le prochain chapitre devient donc le champ de pratique pour s'ouvrir à cette possibilité et il ne m'appartient plus de l'écrire. C'est ici que je passe plume et encrier à qui voudra bien tenter l'expérience.

FLEUR D'AMOUR

« Ô lumineuse fleur d'hibiscus !
Quelle joie m'est donnée de partager ta lumière bleutée !
Je regarde, depuis deux jours, ta vie si courte et si passionnée.
Ta beauté rouge m'attire comme un aimant,
Et mon cœur bat au rythme de ta présence, digne et fière,
et dans toute ta splendeur !
Pour si peu de temps, tu donnes le meilleur.
Merci pour ce merveilleux sentiment que tu fais vibrer en moi,
Cet amour de la vie, si brève soit-elle !
Quel abandon dans ta nature de fleur !
Je veux renaître à ton exemple de simplicité,
mais à la fois d'une telle grandeur !
Mes yeux, mon cœur, pleurent de joi
et de gratitude devant ton spectacle de vie et de mort.
Jusqu'au dernier moment j'ai su saisir ta beauté.
Comme une fleur en éclosion,
j'ai senti une passion de vivre et d'être seulement.
Deux jours avec toi et c'est le miracle de la vie !
Quel petit Maître tu fais ! Quelle force émane de toi !
Tu arrives et tu repars en un instant,
et tu inspires en moi l'infini du temps.
Je te vois t'enrouler dans une spirale ;
tu refermes le rideau pour la dernière finale.
J'applaudis, te laissant repartir,
car tu m'as donné l'Amour dans un seul regard.
Au moment où tu te refermes,
c'est moi qui s'ouvre à la Lumière, à la Vie.
Ô ma fleur de bonheur,
Ô ma fleur de vérité, je t'aime et te remercie. »

Claudette Harvey

Bibliographie

ADRIENNE, Carol, *Votre mission de vie : Comment trouver votre place dans le monde grâce à l'intuition et à la synchronicité*, Montréal, Du Roseau, 1999.

ANDRÉ, Christine, *Éclatante survie*, Agnières, JMG, 1998.

BERNARD, Suzanne, *Et si la mort m'aidait à vivre ?* Loretteville, Le Dauphin Blanc, 2002.

BOLDUC, *La survie de l'âme*, Loretteville, Le Dauphin Blanc, Loretteville, 1999.

BOLDUC, Marie, *Le couloir des élus*, Loretteville, Le Dauphin Blanc, Loretteville, 1993.

BOUANCHAUD, Bernard, René RACAPÉ, *Miroir : Itinéraire vers soi-même à travers le Yoga- Sûtra de Patanjali*, Paris, Agamat, 1995.

BOUCHER, Paule, *Rêves et télépathie : communiquer par les rêves télépathiques*, Loretteville, Le Dauphin Blanc, 2002.

BRADDEN, Gregg, *Marcher entre les mondes*, Outremont, Ariane, 2000.

BUHLMAN, William, *Le secret de l'âme*, Varennes, AdA inc., 2001.

CARON, Marjolaine, *Je vous donne... signe de vie*, Magog, Marjolaine Caron, 2002.

CHOPRA, Deepak, *Les sept lois spirituels du succès*, Monaco, Éditions du Rocher, 1995.

Cœlho, Paulo, *L'alchimiste*, Paris, Père Castor Flammarion, 1996.

Cœlho, Paulo, *Véronika décide de mourir*, Paris, Anne Carrière, 2000.

De La Durantaye, André, Francine Ouellet, *La médiumnité, réalité intime et personnelle*, Varennes, Marie-Lakshmi, 1998.

Eadie, Betty J., *Dans les bras de la Lumière*, Paris Pocket, 1995.

Finley, Guy, *Prier pour lâcher prise*, Montréal, Le Jour, 1998.

Gaboury, Placide, *Le Livre de l'âme*, Outremont, Québecor, 2001.

Gratton, Nicole, *Découvrez votre mission personnelle par les signes de jour et de nuit*, St-Hubert, Un Monde Différent ltée, 1999.

Gratton, Nicole, *La Découverte par le rêve : mode d'emploi pour rendre le sommeil plus créatif*, St-Hubert, Un Monde différent, 2000.

Gratton, Nicole, *Les rêves spirituels : Comment les reconnaître et les favoriser*, Montréal, Stanké, 1996.

Grignon, *Amour et liberté : chemin de lumière*, Val d'Or, D'ici et d'ailleurs, 1989.

Jankovich, Stefan von, *La mort, ma plus belle expérience*, Lausanne, Au Signal, 1988.

Kryeon et Lee Caroll, *Le retour*, Outremont, Ariane, 1998.

Kübler-Ross, Elisabeth, *Accueillir la mort : questions et réponses sur la mort et les mourants*, Monaco, Du Rocher, 1998.

Kübler-Ross, Elisabeth, *Avant de se dire au revoir*, Paris, Presses du Châtelet, 1999.

Kübler-Ross, Elisabeth, *La mort est un nouveau soleil*, Monaco, Le Rocher, 1988.

Kübler-Ross, Elisabeth, *La nostalgie de sa maison*, Paris, Le courrier du livre, 1998.

Labonté, Marie-Lise, *Les familles d'âmes*, Loretteville, Le Dauphin Blanc, 2002.

Lapensée, Micheline, *Rêves et deuil*, Loretteville, Le Dauphin Blanc, 2003.

Lefebvre, Michèle, *Pour l'amour de Bretzel*, à être publié incessamment.

LEVINE, Stephan, *Qui meurt ? Une investigation du processus conscient de vivre et de mourir*, Barret-le-Bas, Le Souffle d'Or, 1991.

MEUROIS-GIVAUDAN, Daniel, *Ainsi soignaient-ils*, Montréal, Le Perséa, 2003.

MEUROIS-GIVAUDAN, Daniel, Anne MEUROIS-GIVAUDAN, *Chronique d'un départ : afin de guider ceux qui nous quittent*, Plazac, SOIS, 2000.

MEUROIS-GIVAUDAN, Daniel, Anne MEUROIS-GIVAUDAN, *Les neufs marches : L'histoire de naître et de renaître*, Plazac, SOIS, 1999.

MEUROIS-GIVAUDAN, Daniel, MEUROIS-GIVAUDAN, Anne, *Par l'esprit du soleil*, Plazac, SOIS, 2000.

MILLMAN, Dan, *Le guerrier pacifique*, Chêne-Gourg, Soleil, 1985.

MILLMAN, Dan, *Les lois spirituelles de l'esprit*, St-Léonard, Du Roseau, 1996.

MONBOURQUETTE, Jean, *Aimer, perdre et grandir*, St-Jean-sur-Richelieu, Du Richelieu, 1984.

MONBOURQUETTE, Jean, Denise LUSSIER-RUSSEL, *Mourir en vie*, Outremont, Novalis, 1992.

MOODY, Raymond, *La vie après la vie*, Paris, J'ai Lu, 1980.

MOUNTAIN DREAMER, Oriah, *L'invitation*, Outremont, Les Éditions Logiques, 2000.

NEWTON, Michael, *Un autre corps pour mon âme : souvenirs de voyage dans l'au-delà*, Montréal, Ariane, 1996.

OUELLET, Francine, *De l'amour humain à l'amour divin*, Varennes, Marie-Lakshmi, 2002.

PECK, Scott, *Le chemin le moins fréquenté*, Paris, J'ai Lu, 1990.

RAINVILLE, Claudia, *Rendez-vous dans les Himalayas*, Stoneham, F.R.J., 1992.

REDFIELD, James, *La dixième révélation*, Paris, Éditions Robert Laffont, 1997.

REDFIELD, James, *La prophétie des Andes : à la poursuite du manuscrit secret dans la jungle*, Paris, Éditions Robert Laffont, 1994.

REDFIELD, James, *Le secret de Shambhala*, Paris, Éditions Robert Laffont, 2001.

REVUE PRISME, Numéro 36, Hôpital Ste-Justine, Montréal, 2002.

RICHELIEU, Peter, *La vie de l'âme pendant le sommeil*, Chêne-Bourg, Vivez Soleil, 1991.

RINPOCHÉ, Sogyal, *Le livre tibétain de la vie et de la mort*, La Table Ronde, Paris, 1993.

ROY, Marie-Lise, *Paroles Angéliques*, St-Zénon, Louise Courteau, 1998.

THOUIN, Lise, *De l'autre côté des choses*, Montréal, Libre Expression, 1996.

THOUIN, Lise, *Boule de rêve*, Montréal, Leucan, 1993.

VAN PRAAGH, James, *Guérir d'un chagrin : reconquérir sa vie après un malheur*, Varennes, AdA inc., 2000.

VAN PRAAGH, James, *S'élever vers l'au-delà*, Varennes, AdA inc., 2000.

VAN, *Souris tu es un ange*, Varennes, Marie-Lakshmi, 1996.

WALSH, Neale Donald, *Conversations avec Dieu : un dialogue hors du commun*, Outremont, Ariane, 1997.

WALSH, Neale Donald, *Amitié avec Dieu : un dialogue hors du commun*, Outremont, Ariane, 2000.

WALSH, Neale Donald, *Communion avec Dieu*, Outremont, Ariane, 2001.

WILLIAMSON, Marianne, *Un retour à l'amour*, St-Léornard, Du Roseau, 1993.

ZUKAV, Gary, *The seat of the soul*, New York, Simon & Schuster, 1995.

VIVRE, magazine, volume 1 numéro 5, novembre-décembre 2001.

Table des matières

Le vrai voyage de la découverte ne consiste pas à chercher des nouveaux paysages, mais à avoir des yeux nouveaux.

Marcel Proust

Préface	9
Avant-propos	13
Introduction	15

PREMIÈRE PARTIE
UNE LONGUE ET SUBTILE PRÉPARATION

Chapitre 1 **Le point de départ** 21
                Mon point de départ 21
                Le grand ménage 23
                À la découverte de mon intuition 25
                Jouer à reconnaître 27
                L'étape de la confusion 29
                       Exercice du troisième œil 30

Chapitre 2	**Apprivoiser la vision du cœur**............	33
	La première manifestation visuelle..........	33
	Une hypothèse plausible	34
	Le motif de sa présence	35
	Le premier accompagnement.............	36
	Tout ce qui monte doit redescendre	38
	Place au scepticisme	39
	À la recherche d'un explication logique	41
	Une deuxième vision....................	41
	Me faire confiance......................	43
	Exercice : l'enracinement............	44
	Texte : Le mental	47
Chapitre 3	**Un moment d'amour divin**	49
	L'apprentissage se poursuit	49
	Exercice : La libre circulation énergétique des chakras	52
	Un deuxième accompagnement...........	53
	La quête de sens	55
	La confirmation tant attendue	59
	Le sens de la mort	60
	Ma compréhension	62
Chapitre 4	**Des outils pour continuer**	63
	L'apprentissage de la foi	63
	À corps perdu... à corps retrouvé	64
	Encore un accident	66
	La leçon de confiance non intégrée	67
	Surprise ! De la visite....................	68
	Une mission fort différente	69
	Partager ces expériences	71
	Une formation sur mesure	72
	Ce que la vie me réserve	73

DEUXIÈME PARTIE
LES ENSEIGNEMENTS TIRÉS DES EXPÉRIENCES

Chapitre 5	**L'amour élève l'âme**	79
	Destination « Lumière »	79
	Le fameux tunnel	80
	Un mythe à défaire	82
	La transition	84
	Accompagner en pensées	85
	S'ouvrir à l'autre monde	86
	Une âme perdue	87
	La route de Frédéric	88
	Connaître son chemin	91
Chapitre 6	**Donner signe de vie**	95
	Partager le bonheur	96
	Un ami nous quitte	97
	L'amour, toujours l'amour	100
	Une mère veut parler à sa fille	101
	Le dernier signe de la main	102
Chapitre 7	**La compréhension en cadeau**	105
	Comprendre son départ	105
	La mort, naissance d'une vie nouvelle	107
	Un sens à la mort	108
	Un regard sur soi	110
	La signification... un présent inestimable	113
Chapitre 8	**Un coup de main**	115
	Un souvenir d'enfance déterminant	115
	La collaboration se poursuit	118
	Une mère en pleurs	119
	De l'aide à profusion	121
	Deux fois plutôt qu'une	122
	L'effet boule d'amour	125
	Ce que la mort nous réserve	127

TROISIÈME PARTIE
LA MORT ET LA VIE : L'ALLIANCE DE L'AMOUR

Chapitre 9	**Tout le monde veut aller au ciel, mais personne ne veut mourir**............	137
	Regarder la mort en face	139
	Un passage	140
	Un poids ou un choix.................	147
	Un cadeau d'amour inconditionnel	152
	Se préparer au grand jour.................	155
	Être ou ne pas être?.................	156
	Bonheur, où te caches-tu?	157
	Le plus beau voyage	159
	Mon ciel, ma voie	164
	Exercice 9-A : Moments divins	165
	Exercice 9-B : J'imagine mon ciel	168
	Exercice 9-C : Libération des émotions et pardon..........................	170
Chapitre 10	**Guider l'âme**	173
	Guider dans l'amour	175
	La magie de la prière...................	178
	S'oublier sans s'oublier	180
	Le passage vers la Lumière	183
	Le départ, une nouvelle vie	190
	Âme, envole-toi!...................	190
	La vie continue	194
	Tant à faire!..........................	197
	Exercice 10-A : Se centrer dans la conscience du cœur.................	199
	Exercice 10-B : Des prières et des visualisations pour accompagner	201
	Exercice 10-C : Évacuation et régénération	205
	Exercice 10-D : Prière indienne	207

Exercice 10-E : Tonglen ou Prendre la
souffrance et donner le bonheur 209
Chapitre 11 Ils nous parlent, entendons-nous. 211
Les signes de jour 212
Au revoir, Sylvie ! 213
Faire taire les doutes 215
Pas de réponse. 218
Attention, danger ! 219
Miser juste 221
Demeurer attentifs. 222
Les signes de nuit 225
Pour que cela continue ! 232

Conclusion. 235

Texte : Fleur d'amour 243

Bibliographie. 245

Québec, Canada
2005